武術の○△□《まる・さんかく・しかく》

太極図、五芒星《ごぼうせい》、メビウスの輪…

古伝の図形で解く！

真北斐図《まきたあやと》 著

BAB JAPAN

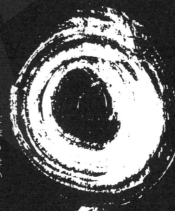

はじめに

○△□という三つの図形は、禅仏教では「○△□これ真理なり」と教えられます。「不立文字《ふりゅうもんじ》」、つまり、言葉で表現できない神聖なものとされますが、この三つの図形は、明確な意味を持ち、多様に言葉で説明することができます。それは、はるか古代から伝えられてきた深遠な教えです。この絵文字を理解することで、バラバラに見える知識に、秩序ある意味を見出し理解することができるのです。

四角形は「常識の世界」を表します。東西南北は四方と呼ばれます。ニュース(NEWS)がNorth（北）、East（東）、West（西）、South（南）を意味するという説もあります。それは現実を認識する基礎です。

三角形は、一般的な知識よりも次元の高い理解を表します。誰かが「リンゴは赤い」と言えば、いや、「リンゴは青い」という反対意見が出るでしょう。そこで赤だ、青だと議論し合っているのが四角い世界です。しかし、いくら争っても解決することはできません。結局、この二つの意見よりレベルの高い意見が求められます。

三角形は、底辺の二点がテーゼとアンチテーゼ、頂点がジンテーゼ。「リンゴは紅玉《こうぎょく》という赤いリンゴもあり、王林《おうりん》という青いリンゴもある」という意見はどちらの側にとっても満足できる意見です。ジンテーゼは、テーゼ、アンチテーゼよりも一段高い理解です。このような考えを「弁証法」と呼びます。

そしてさらに高い認識は、○で表現されます。目に見える物理世界（それを地と呼びます）ではなく、その背後に広がる隠れた世界を○で表し、それを「天」と呼ぶのです。

「人は天と地の間に生きている」と古い教えにあります。天が○、地が□、そして人が△です。人は「一人では生きていけない弱い存在で、二人で支え合って生きるのです」と一般に教えられます。確かに「人」という漢字を見れば、「そうか」と納得してしまいそうですね。

しかし図形に基づく理解では、「人」は三角形で表されます。底辺の左右の二点が男と女を表しています。左が「女性」、右が「男性」です。そして頂点の一点は「神性」を表すのです。人は底辺で見ると自然の一部であり、つまり、四角形の一辺であるということ。頂点を見れば、その上に位置する○（神性）につながっている…。というふうに、語り尽くせない多様な意味を持つ絵文字が「○△□」なのです。

本書では、このように図形を通して「武術」の世界を解明していきます。「図形」と「武術」がどうつながってくるのか、さあ、じっくり追求していきましょう。

CONTENTS

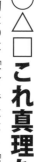

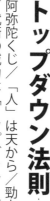

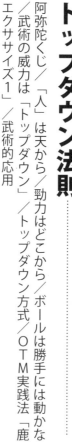

第5章

第6章

第7章

第8章

第9章

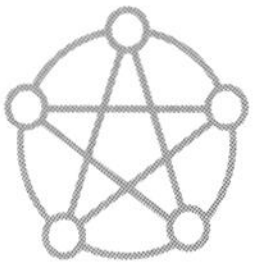

第1章

○△□ これ真理なり

大切なのは「文」ではなく「図形」

本書では「古伝の図形」のメッセージを解説し、それに基づき、様々な武術のエッセンスともいえるシンプルな運動法「ＯＴＭ／オーガニック・ツリー・メソッド」を紹介していきたいと考えています。

私は40年間、太極拳の教師として活動してきました。「真北斐図《まきたあやと》」は私のペンネームで、太極拳に関する本の執筆もしていますが、図形の研究を行っていることは、これまで公表していませんでした。

ペンネームの真北は、「まきた」と読みますが、「真北《しんぼく》」つまり「北極星」の方角を意味します。方位磁石は地球上の「北極」を指します。航空機の飛行や船舶の航行などにとって重要な意味を持ちますが、針が示す方角は、丸い地球のそれぞれの場所で変化します。「真の北」は北極星の方角ではないでしょうか。

「斐図」の「斐」は、「非」と「文」という文字によって作られています。つまり、「文ニ非《あら》ズ」という意味で、「大切なのは文章ではなく『図形』である」という意味を込めています。

「言葉」は意思疎通のためにはとても便利なツールですが、国が違えば、日本で「リンゴ」と呼ばれる果物は、英語圏では「Apple」と呼ばなくては通じません。同じ日本でも江戸時代と現代では、同じ日本語とは思えないくらいに変化しています。

それに対して図形（○△□）は、どの国でも、変わりません。１００年前も、１００年後も、まったく変化しません。

真北は北極星の方角

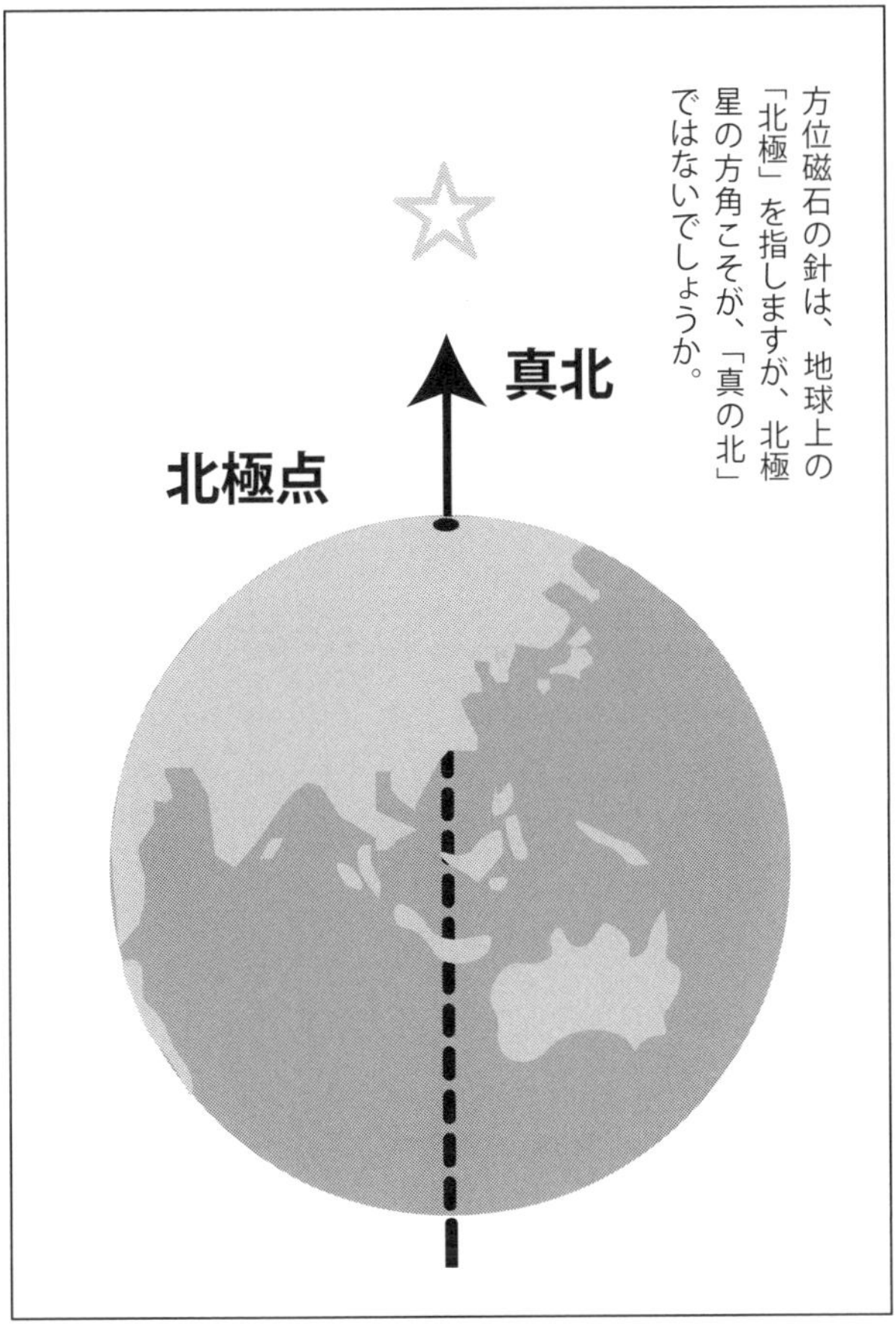
方位磁石の針は、地球上の「北極」を指しますが、北極星の方角こそが、「真の北」ではないでしょうか。
真北
北極点

○△□これ真理なり

仙厓義梵による書「○△□」

江戸時代の臨済宗古月派の禅僧であり、画家としても知られる仙厓義梵の書「○△□」。

「丸、三角、四角これ真理なり」という教えがあります。あなたは禅寺で座禅を組んだ経験はありますか？　そう、あの足を結跏趺《けっかふ》坐《ざ》で組んで、両手で法界定印《ほっかいじょういん》を組んで、身動き一つせず、じっと座って行う瞑想法です。

幾人かの参加者に交じって座禅を組んでいると、警策を持ったお坊さんに肩を打たれた経験を持つ人もいるでしょう。警策で打たれても、それほど痛いわけではないのです。肩の凝りがすっと消える人もいます。

それを一度経験した人の中には「あの静寂の境地をもう一度味わいたい」と好意的な人と、「もう二度とやりたくない」と拒否反応を見せる人とに分かれるでしょう。

朝の座禅の修業が終わって、休憩室で休んでいるあなたは、ふと部屋の天井のほうを見上げて、鴨居に掛けられた「掛け軸」に目が向きました。普通掛け軸には文字が書かれているものですが、そこには「○△□」の図形が描かれていました。

部屋に入ってきた住職さんに「あれは何ですか？」と質問します。「ああ、あれはね、○△□です。昔の偉いお坊さんで、仙厓義梵《せんがいぎぼん》という人が描いたものですよ。もちろん複製ですがね。えっ、それが何か？」と住職さんが答えます。「どういう意味があるのですか？」「ははあ、あれは『不立文字』といって、つまり、えーっと、言葉では説明のできないものなのですよ、ホホホ……ではごゆっくり」とまるで禅問答のような解説をして、あたふたと去っていきました。いやいや、その住職は、言っちゃー悪いが狸坊主です。

不立文字とは

「不立文字」というと、一般には「言葉で表現できない」と理解されているようですが、そうではなく、どれだけ言葉で解説しても、説明し尽くすことができないという意味なのです。図形「○△□」は100年前には100年前の解説ができ、100年後には100年後の時代に合わせて解説できます。文化風習の異なるどんな国でも、そこに生活する人々に合わせて理解できる不思議な「絵文字」なのです。

Aさんが図形に関して説明すれば、Aさんがこれまで学んで理解してきた知識に基づいて○△□を解説することができます。Bさんはまた A さんとは異なる視点で解説するでしょう。

もちろん、でたらめでは困ります。「図外《ずはず》れ」とは、つまり理解を誤っていることです。「愚図」とは、動作や決断がにぶいこと。「図に乗る」とは調子に乗ってつけあがること、「図星」とは正確に的を外さない理解、「方図《ほうず》」とは節度（「上を見れば方図がない」つまり上を見ればきりがないというふうに用いる）を意味します。古くから日本には「図」＝「基準」という理解があったのではないでしょうか。

絵文字○△□の意味

図形は世界共通の絵文字です。○《まる》とは限りないもの、私たちの理解を超えるもの、「見ることのできない隠れた世界」を表現しています。それを「天」と呼びます。

□《しかく》とは形のある世界、「東西南北」のある、私たちが認知できる常識の世界を表しています。それを「地」と呼びます。このことは昔から「天円相地方形」と教えられてきました。つまり、天は丸く、地は四角いということです。といっても、昔の人は地球が四角いと思っていた、などと理解しないでください。四角いという意味は「四方」ということです。ニュース（NEWS）とは、新聞マスコミが報道するものですが、North（北）、East（東）、West（西）、South（南）の頭文字をつないだ言葉という説もあります。「東西南北」は四角い世界の基準です。

四角いという意味は「四方」

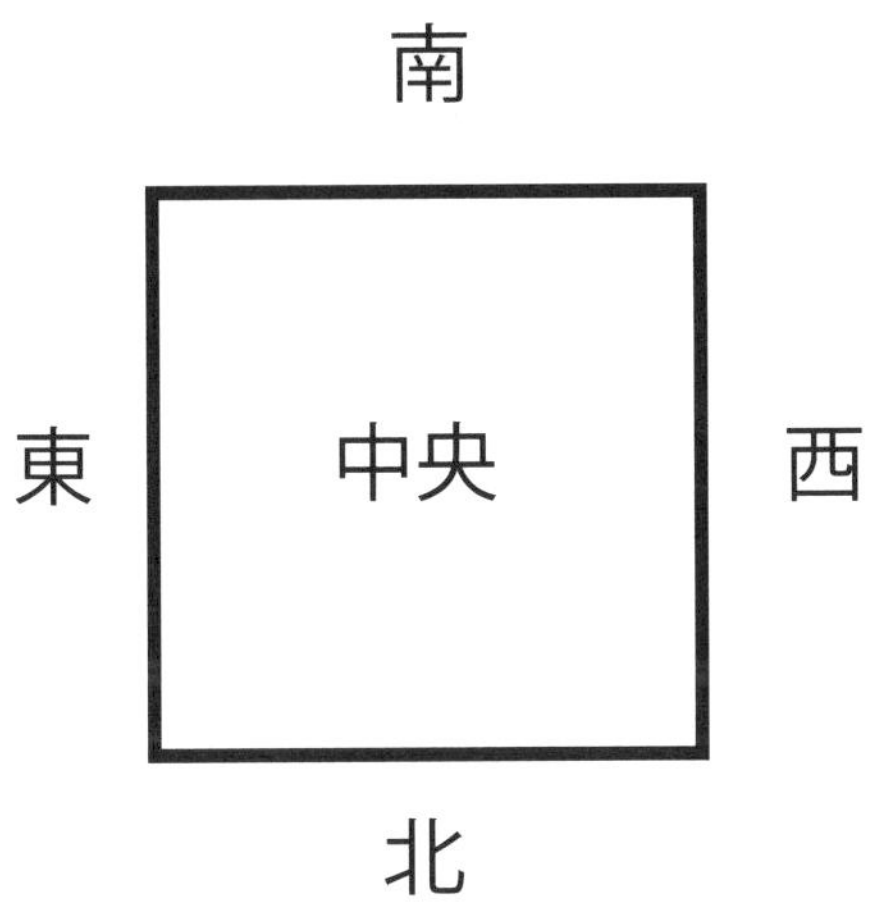

四角は、東西南北がある、私たちが認知できるこの世界、つまり「地」を表しています。

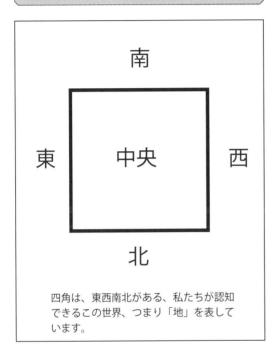

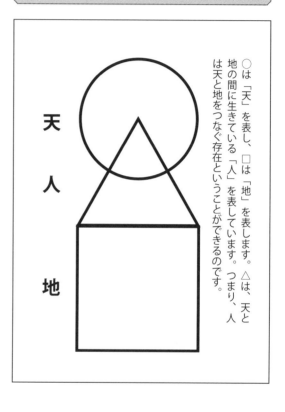

△（＝人）は天と地をつなぐ存在

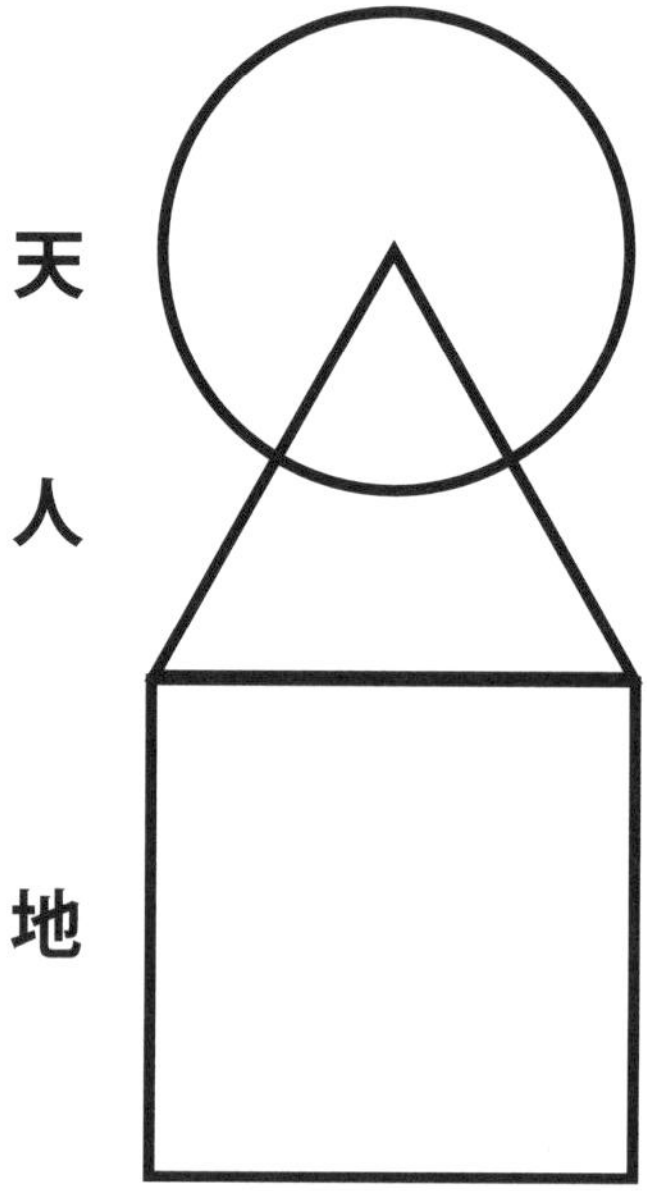

○は「天」を表し、□は「地」を表します。△は、天と地の間に生きている「人」を表しています。つまり、人は天と地をつなぐ存在ということができるのです。

そして△《さんかく》とは、その天と地の間に生きている「人」ととらえることができます。人という漢字をよく見ると△、またはコンパスのように見えませんか？　三角の頂点は○の中心に接しています。三角の底辺は□の一辺と同じ長さです。つまり、△は天と地をつなぐ存在であるということ、それが「天人地」、つまり「人は天と地の間に生きている」という教えです。

「釈迦誕生図」で生まれたばかりのお釈迦様が右手で天を指し、左手で地を指しているのは、「天上天下唯我独尊」、「天の上にも地の下にも私が一番偉いぞ」という意味でしょうか？ いえいえ、そうではないでしょう。『私』という生きた人格を通して『天』と『地』とがつながる」という意味ではないでしょうか。あなたも私も、誰もが皆「私」です。

人間は万物の霊長と威張っていますが、本来、犬や猫と変わりない哺乳類で、自然の中に生きている生物の一種族にすぎません。しかしまた、宇宙の神秘に目覚めることのできる「知性・霊性」が備わってもいます。つまり、「人」は、底辺で四方に広がる「地」の上に立ち、頂点には、頭上に遥かなる「天」を頂いているわけです。

「人は一人では生きられない、二人で支え合って生きていくものだ」、というような「ゆるい理解」も悪くはありませんが……。

ＯＴＭとは

ＯＴＭ（オーガニック・ツリー・メソッド）は、武術などで行う肉体動作の隠れた意味を理解し、武術の核心を体得するためのシンプルな実践法です。回を重ねるごとにエクササイズが深まっていきます。

太極拳や武術を練習しているあなたは、そのいつもの練習の前にこのエクササイズを練習してみてください。きっとあなたの追求している武術の上達の役に立つでしょう。えっ、強くなれるかって？　はい、それは「あなた次第」です。

OTM実践法「エア・ブランコ」

1. 足は肩幅に開きます。両手は胸の高さで下がったブランコの鎖を握るように、軽く「拳《こぶし》」にします（次頁写真1）。
2. まず上体をのけ反らせ両手を引きます（写真2）。
3. 上体を起こし（写真3）、
4. お辞儀するように上体を前に倒し、両掌は開いて、肘も伸ばしてダランとします（写真4）。

エア・ブランコ

エア・ブランコは、首の動きが○を、手の動きが△を、腰の動きが□を表します。この三つの動きが合わさって、一つの動きになっています。

5. 2～4を繰り返します。

6. 次に、上体をのけ反らせるときに片足を前に出します（写真5）。

7. 前傾させるときに前に出した足を後ろに引きます（写真6）。

8. 6～7を繰り返します。

9. 左右を替えて同様に行います。

ワンポイント・アドバイス

このエクササイズの大切な点は、体をのけ反らせる動作と、次にやや前傾させる動作の重要性を理解することです。この実践によって、体の前面と後ろ側の面を交互に働かせているのです。

では質問です。人体の体の前面と背面では、どちらが表で、どちらが裏でしょうか？（拙著『太極拳の「なぜ？」』で詳説）そうです、体の前面は表ではなく裏、つまり「陰の面」、背中側が表、

天人地をつなぐエア・ブランコ

「エア・ブランコ」は「OTM」全体の最も基本になるエクササイズです。人体が○（球体）で覆われています。これが「天」を意味します。天は見えませんが、私たちの周囲に遍在しています。地面に□（しかく）い図形を敷きました。これは「地」を意味します。その中で△（さんかく）つまり「人」は生きているという意味です。

❶

❷

つまり「陽の面」になります。こうして人体を裏表に分けることが武術の「勁力」をつかむための基礎なのです。

武術的応用

では二人で練習してみましょう。

1. Aは両手を軽く握って、胸の前に出します。
2. BはそのAの両腕をしっかりつかみます（次頁写真1）。
3. Aは上体をのけ反らせ、片方の足でBの股間を狙って持ち上げます（写真2）。この足はフェンジャオ（分脚）です。
4. 次に、Aは両拳を開いて、上体をやや前傾させながら持ち上げた足は後ろに伸ばします。する

エア・ブランコの武術的応用

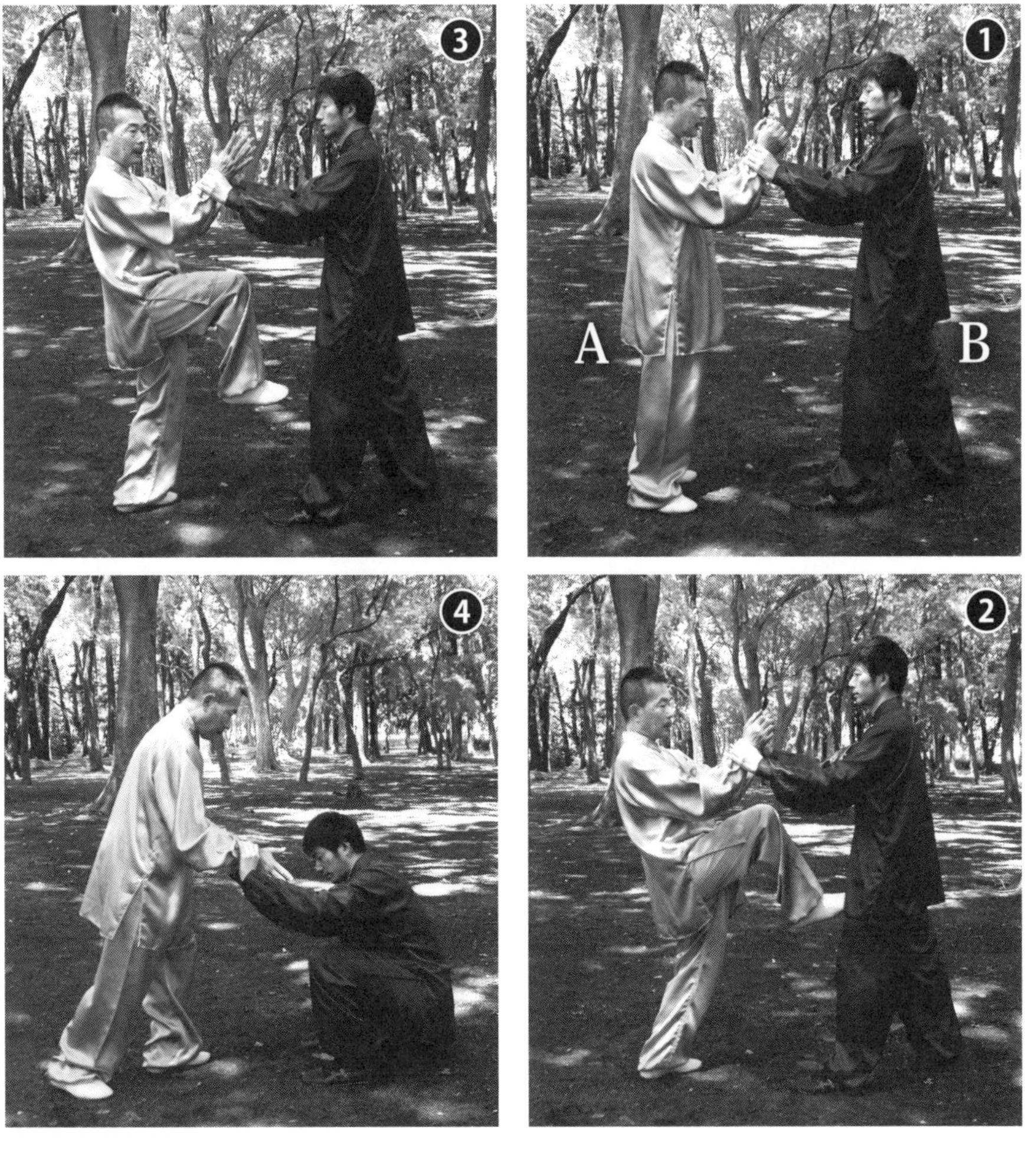

と、Ｂは強い力で地面に沈み込まされてしまいます（写真3～4）。

5．ＡとＢの役割を替えても練習してみましょう。

第2章 ベサイカピシス

ベサイカピシスとは

「アーちょいと出ました三角野郎が、四角四面のやぐらの上で…」これは群馬の民謡の歌詞です。昔から、○△□という表現が、私たちの生活の中に見え隠れしています。目を丸くしているといえば、驚いている人の顔が浮かびます。目を三角にするといえば、イライラしている人物の表情がほうふつとしますね。三角野郎というのはきっと、尖ったイキのいい若者でしょうね。私たちの生きている社会は四角四面にできていて、三角野郎は四角い世間に生きづらいはみ出し者なのですよね。

○△□は古くから、不易（変化しない）の三形象と呼ばれます。しかしその裏付け、それが正しいという証拠は、果たしてあるのでしょうか？　単に、「真北がそうでっち上げているだけなのではないか!?」シビアな読者は、そう考える人もいるかもしれませんね。「いや、真北がでたらめを言うはずがない、私は信じる！」という意見もあるでしょうが、どちらも、私にとってはありがたくないです。しっかりその「意味」を理解してほしいと思います。

ではあなたは、「ベサイカピシス」って、聞いたことがありますか？　ベサイカとは二つの輪というギリシャ語です（英語でbicycleといえば、自転車です。biが二つという意味、cycleが輪で、つまり二輪車のことですね）。ピシスは英語ではfishつまり魚です。

ベサイカピシスは「二つの輪で描く魚」という意味です。そういえば、「太極図」も「陰陽魚」

というではないですか。太極図では円の中に二匹の魚が描かれていますが、ベサイカピシスでは1匹の魚を描いています。

ベサイカピシスは、太古の時代から教えられている「神聖図形」です。このベサイカピシスの中から○△□が生まれてくるのです。ベサイカピシスは、「女性自身」を表現した図形です。万物を生み出す門、まさに老子の説く「玄牝《げんぴん》の門」(※註❶)ではないでしょうか。

註❶:「谷神不死　是謂玄牝　玄牝之門　是謂天地根　緜緜若存　用之不勤」
谷神(こくしん)は死せず、是(こ)れ玄牝(げんぴん)と謂(い)う。玄牝の門、是れを天地の根(こん)と謂う。綿々として存するが若(ごと)く、之(これ)を用いて勤(つ)きず。
訳:谷の神は不死身である。それを玄妙なる牝(めす)という。玄妙なる牝の陰門(いんもん)を、天地の根源という。ずっと続いて存在し続けているようであるが、いくら働いても尽き果ててしまうことはない。

ベサイカピシス作図法

では、実際にベサイカピシスを描いてみましょう。紙とコンパスと定規を用意してください。私の説明を読むだけでなく、私の説明通り図形を描いてみましょう。

1. まず、コンパスで一個の円を描きます。この円は一人の人間を象徴します（次頁図1）。

2. この円の半径分開いた場所に、もう一個の同じ大きさの円を描きます（図2）。これが「ベサイカピシス」です。左側が「女」を表し、右側が「男」を表します。

3. 男性の「円の中心」と女性の「円の中心」を直線でつなぎます（図3）。それから、その直線の両端から二つの円の交点に向かって直線を伸ばします。すると正三角形ができました(図4)。この三角形が「魂」を表します。お父さんとお母さんの間にできた新しい魂です。

4. その三角形の底辺の両端から垂直線を伸ばします。この直線はそれぞれ二つの円の半径です。それぞれの円と交わった場所から横に線を伸ばせば、正方形が形作られました（図5）。これが胎児の肉体を表します。

5. これで「三角形」と「四角形」が作られましたが、まだ「円」ができていません。じつは、もう一個の円を描く必要があります。二つの円が三角形の底辺の両端から描かれますが、もう一個の円は三角形の頂点から描くことができます（図6）。三つの円が作り出すマーク、これは「三ツ輪」（※註❷）です。さあ、こうして、三角形の上に三角形の一片の長さを直径とする円

ベサイカピシスが作る○△□

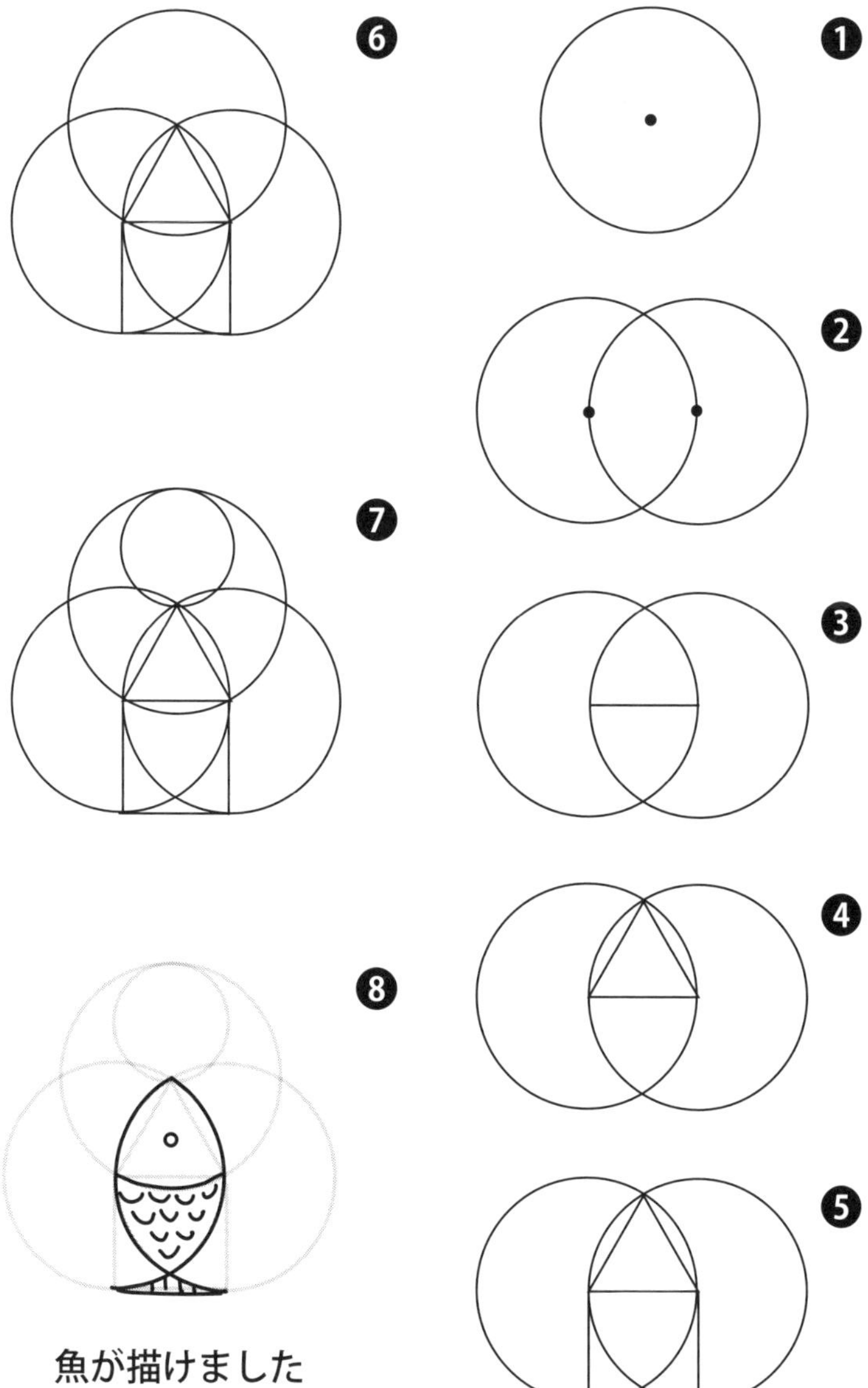

魚が描けました

を描くことができました（図7）。すると、よく見るとこの図形の中に魚が描かれました（図8）。

註❷：「三ツ輪」というのは古い日本の家紋にも登場する。三つの輪は、男、女、神を表す。これを三位一体と表現する。

人体略図

さあ、こうして作られた三形象に、三角形の二辺を延長して両手を描き、正方形の二本の垂直線を伸ばして足を作れば、人体略図の完成です。○が頭、△が胸、□はお腹です。お腹には筋交い（バッテン）が入ります。

さらに三形象をつなぐように垂直線を引きましょう。これは背骨を表します。三角形の底辺からは両手を表す直線が伸び、四角形の底辺からは足を表す二本の垂直線が伸びています（次頁図1）。

この図形をもう少し人体に近く変形したのが（図2）です。この図形は、本書において、様々な動作の構造を考え、理解するときに使用します。

○△□で描く人体略図

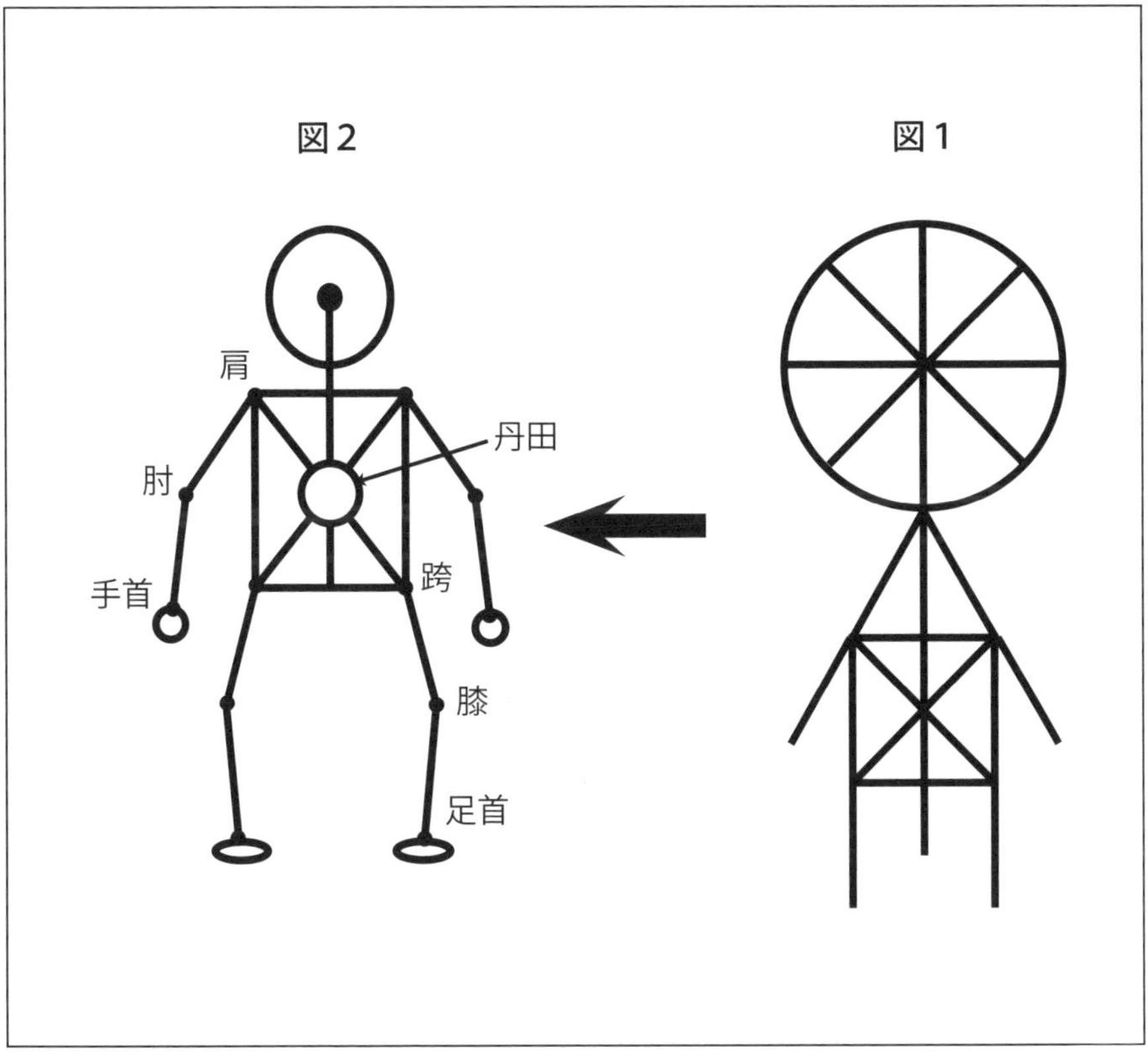

歩法をベサイカピシスで解く

太極拳の姿勢は、肩幅（足幅一足分）に開いて立つ「開立歩」が基本です。このことは多くの武術、スポーツにおいて共通でしょう。左右の足は二つの円の中心です（次頁図3）。つまり、両足の円は半径分（一足分）離れて重なり、「ベサイカピシス」を描いています。

さらに言えば、片足に100％体重を乗せた片足重心が「立つ」ことの本質になります（イラストA）。

さて、あなたはベサイカピシスの図形の上に立っているのだと考えてみましょう。ただ、両足に均等に体重を乗せていれば、上体は自由に動かすことができません。動作するときには体重を右足にかけたり、左足にかけたりすることになります。

体重を右足にかけると右足が「実の足」、左足は「虚の足」と呼ばれます。このような両足の体重移動によって左右の手に変化が生じます。右足が「実」のときには、右手は「虚」、左手は「実」になり、それによって全身のバランスが保たれます。左足が「実」になれば、それに応じて左手が「虚」、右手が「実」になるのです（次頁図4）。

人体略図（前頁図2）を見ると、右手と左足が四角形の中のバッテン（×）によってつながっていますね。

左右の足は二つの円の中心

図3

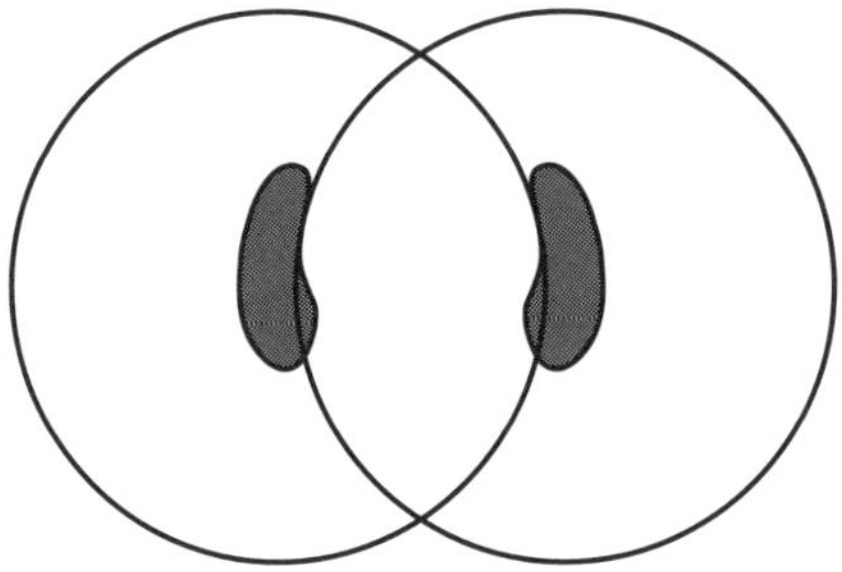

虚実

図4

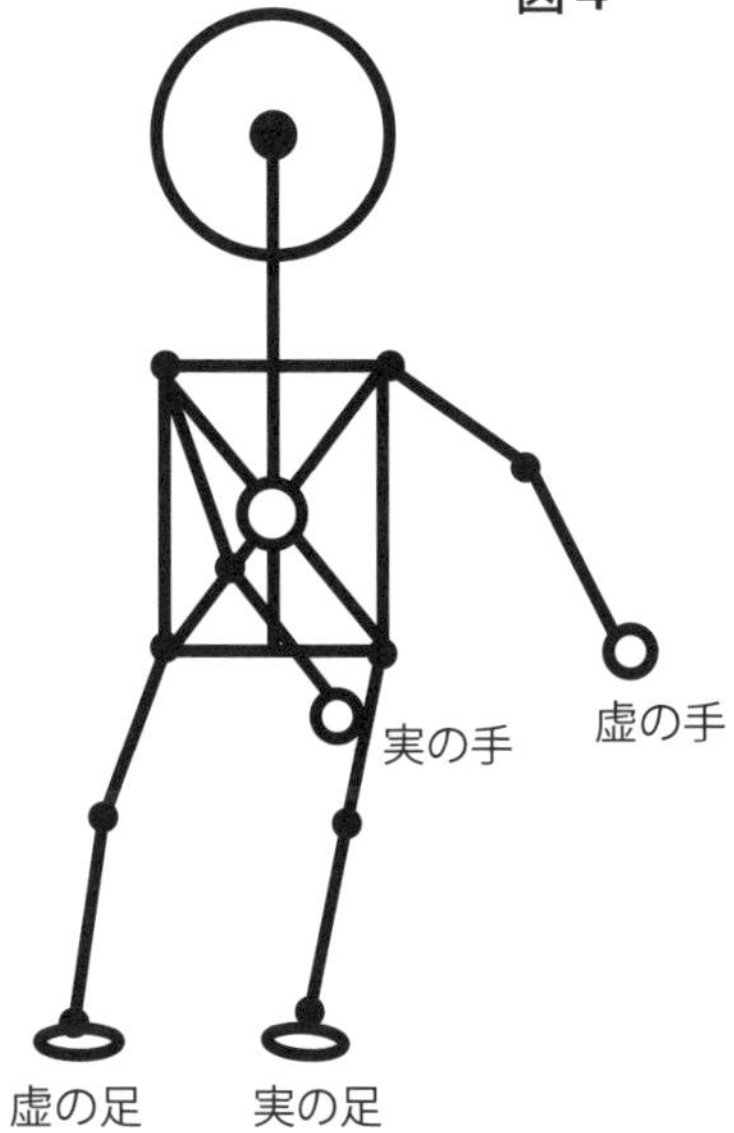

片足立ち

A

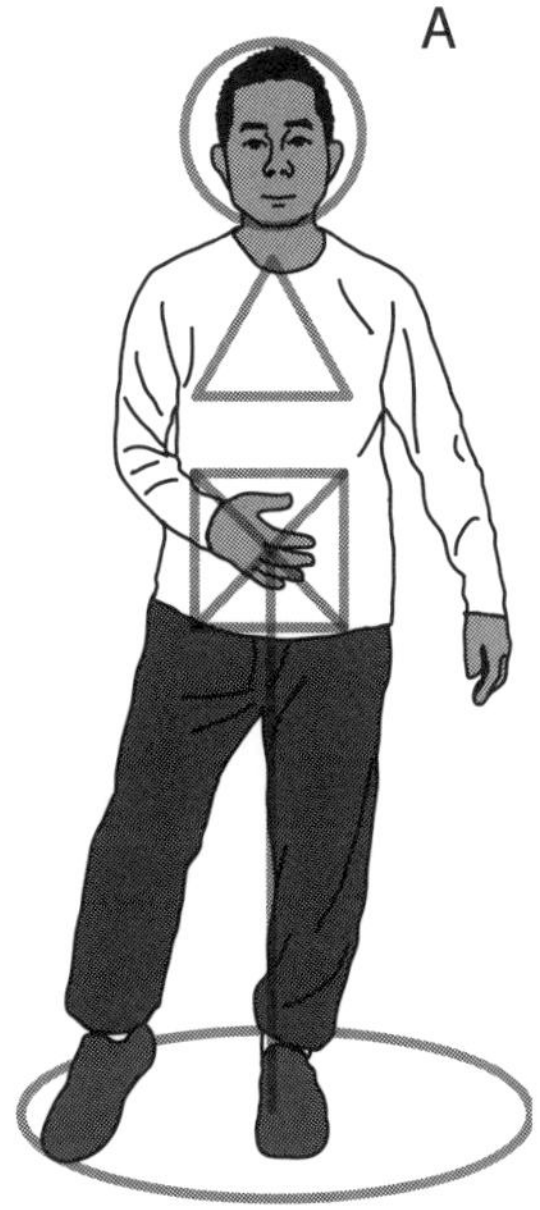

OTM実践法「鶴のエクササイズ1」

1. 両足は肩幅に開き立ちます（次頁イラストB）。それから重心を、両足裏の、土踏まずのやや後ろにかけ、立ち方を変えます。両腕も体側に垂らすのではなく、やや体の前にダランと垂らします（イラストC）。両足がそれぞれベサイカピシスの二つの円の中心にあります。

2. 右足に体重を乗せ、実の足にします。このとき左手が右足の鼠径部のあたりに動き、右手は体からやや離れたところに動きます。左手の形は「陰の腕（抱えるような腕）」、右手の形は「陽の腕（押すような腕）」になります（次頁写真1）。

3. 次に左足に体重を乗せ、右手が左足の鼠径部のあたりに動き、左手は体からやや離れたところに動きます。左手の形は「陽の腕」、右手の形は「陰の腕」になります（写真2）。

4. 左右を替えて同様に練習してみましょう。

鶴のエクササイズ1

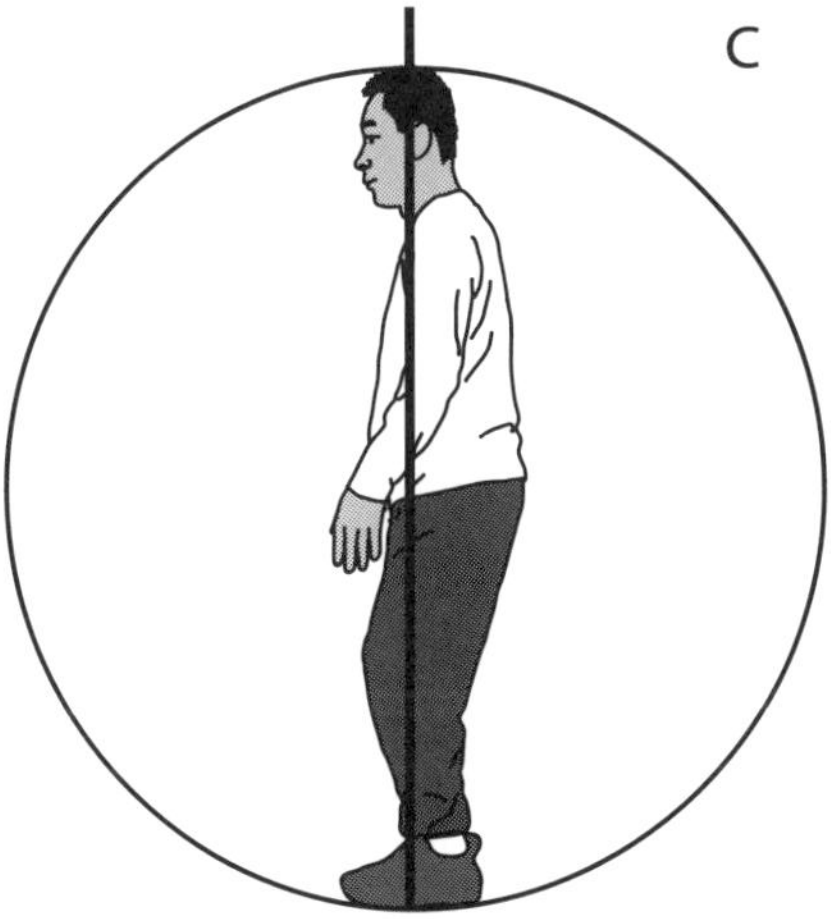

C

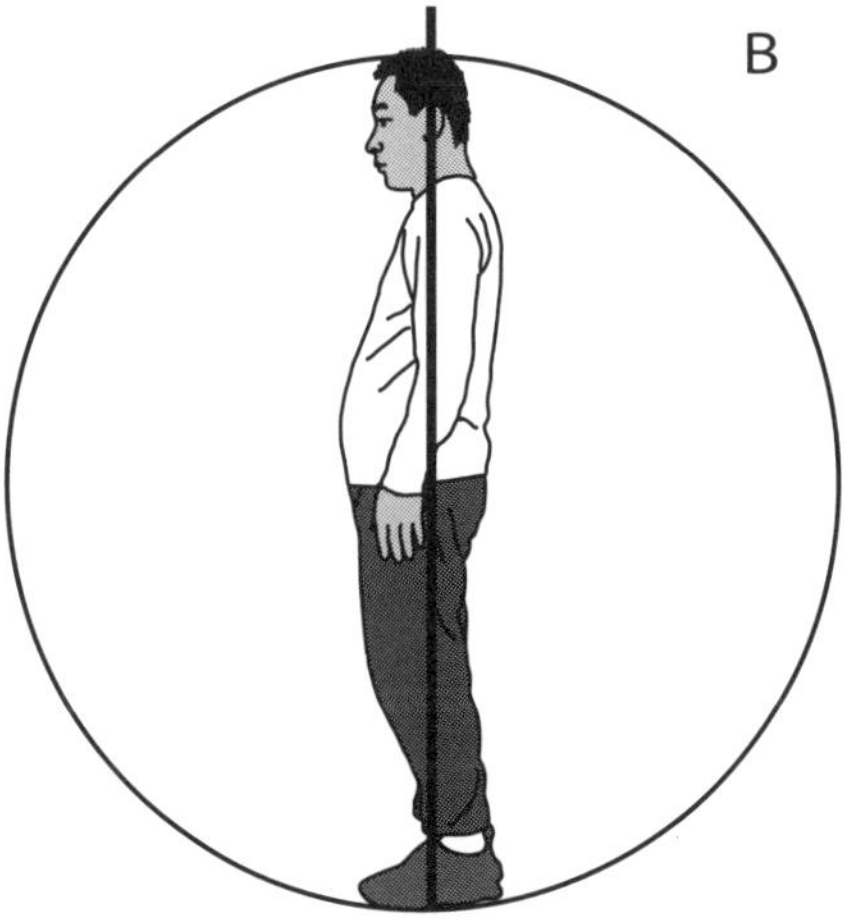

B

ワンポイント・アドバイス

「虚実」は「虚」が弱くて「実」が強いわけではありません。「虚の手」は「実の足」からの力を受けて強い力を発揮できるのです。「虚の手」は「実の足」から見て「円周上」にあるときに強い働きをし、「実の手」は、「実の足」の近くに、つまり「実の足」から見て中心点にあるときに強い力を発揮することができるのです。

この「虚実の体重移動」は太極拳練習、また多くの武術の練習の中で非常に重要です。上体や手の形が合っていても、体重移動が間違っていればその動作に「武術的な力」はありません。また、慣れてきたら、「虚」になる足を浮かせて「独立歩」（前頁写真3）にしてもいいでしょう。

さて、右足に体重をかけて右足を「実」にすると、この歩形は「左虚歩」と呼ばれます。左足に体重が乗っていないので、つまり「虚」になっているので左虚歩です。

同じ歩形から左足を地面から浮かせると、この歩形は「独立歩」と呼ばれますね。では、この歩形は「左独立歩」でしょうか、それとも「右独立歩」でしょうか？　はい、この歩形は「右独立歩」です。なぜなら、右足で立っているからです。足先をほんの少し持ち上げるだけで左が右になるなんてちょっと奇妙ですね。

つまり、言葉で伝えられるものは、このように「ただ表面の理解」だけなのです。もちろん、この私の説明もまた言葉にすぎません。この法則をつかむためには、このエクササイズの練習あるのみです。

武術的応用

では二人で練習してみましょう。

1. Aは南を向いて自然体で立ち、両手をBに差し出します。

2. BはAの両手を、しっかり握ります（次頁写真1）。

3. Aは左足に体重をかけて、左手をわずかに左斜め前方に突き出し、Bの体を抱え込むように上体を南西に向けます。（写真2・3／写真3はAの左手がよく見える角度でのアップ）。

4. するとBは意外にもろく、西のほうに飛ばされます（写真4）。

鶴のエクササイズ１の武術的応用

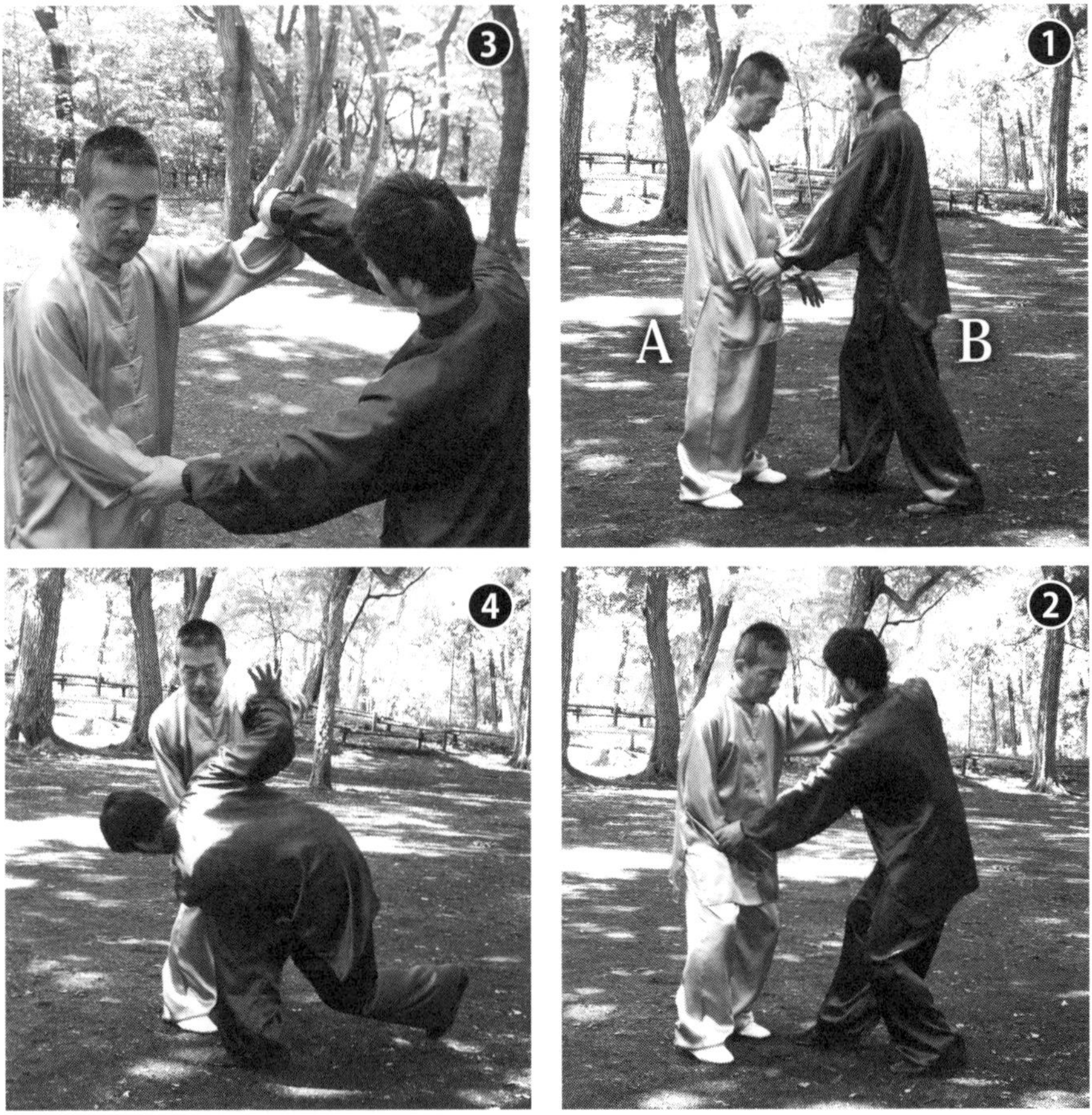

第3章 トップダウン法則

阿弥陀くじ

「阿弥陀くじ」をご存知ですか？

阿弥陀くじの「阿弥陀」とは阿弥陀如来のことです。サンスクリット語で「アミタバー（アミタユス）」、日本語で「無量寿仏《むりょうじゅぶつ》」と呼び、「無限の光」の神様です。

阿弥陀如来と阿弥陀くじとどんな関係があるのか、阿弥陀如来の絵を見ると頭から後光を表した放射線が描かれています。

阿弥陀くじを持つ人は何本かのヒモをまとめて手に持ち、当たりくじを隠します。くじを引く人は、そのうちの一本を引かなくてはいけません。当たりを引けば、今日の飲み会は会費がチャラになります。さあ、あなたはどれを選ぶか……もしも、くじのヒモが八本なら、当たりは8分の1です。くじを持っている人は、どれが当たりのヒモかわかっていますが、くじを引くあなたの側からはわからないのです。

手の中に隠れたヒモの側が「未顕現の世界」、裏の世界、そして広がったヒモの側が「形作られた世界」、つまり「現実の世界」です。裏の世界がわかれば、あなたは幸運を手にすることができるのですが……くじを持つ人は、あなたの選んだヒモを見てニヤリと笑いました。

この八方向に広がる放射線を古い日本の教えでは「八紘一宇《はっこういちう》」と呼びました。それは本来、「八本の紘（つな）が『宇宙』を構成する」という意味で、決して侵略戦争などの政治的な意味ではありません。イギリスの国旗だって同じですね。

仏教では「大法輪（左掲図1）」というマークが「天の法則」を表します。八方向に広がる放射線で表現する図形（図2）と、二つの円がつながった8（図3）は、形は違っていても、実は同じ意味を持っています。八方向の中心点が「天」、つまり隠れた世界を表し、八方向に広がる放射線がこの世を表します。8の字は上の丸が「天（見えない世界）」を、下の丸が「地（現実の世界）」を表します。

それぞれの図形の意味

図1

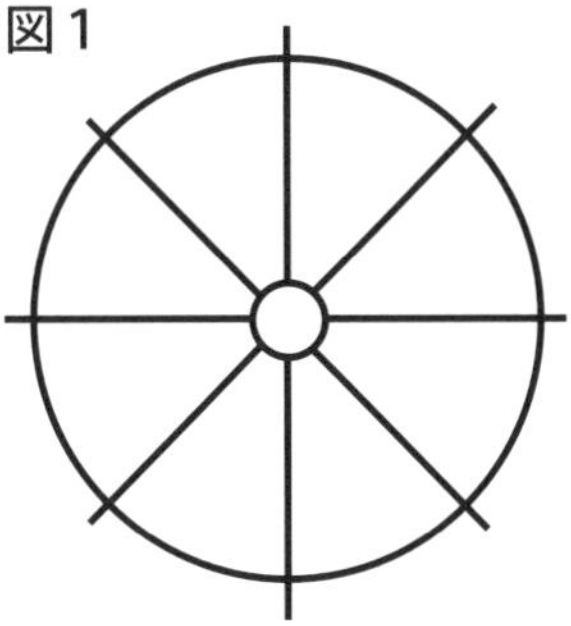

この図は、仏教では大法輪（アーリヤ・アスタ・アンガ・マルガ）と呼びますが、舟の舵と見ることもできます。

図2

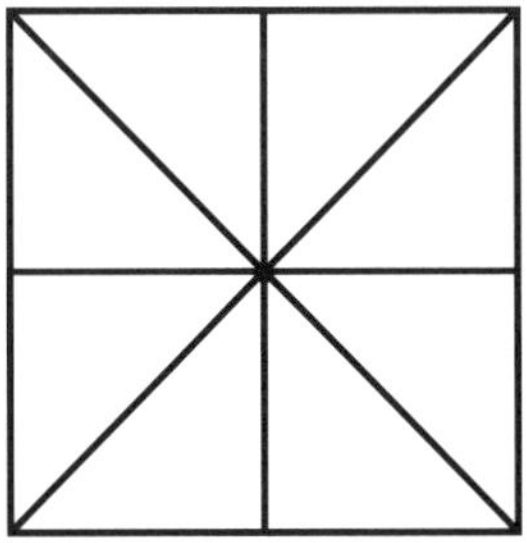

この図は、八方向を表します。八光流とか、八極拳とか、八卦掌など、武術になじみの図形です。

図3

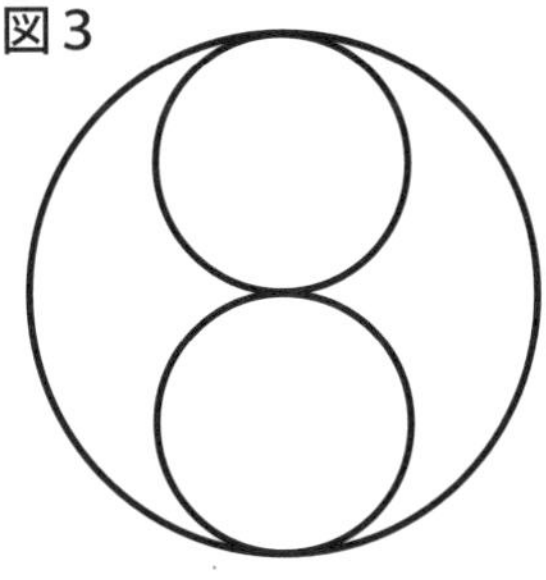

八方向に広がる放射線で表現する図形と、二つの円がつながった8は、形は違っていても、実はほぼ同じ意味を持っています。上の円は天を、下の円は地を表します。

「8」も放射線の「八方向」も、見える世界と見えない世界の関係を表しているのです。

「人」は天から

雨は空から降ってきます。降った雨は川になって海に流れ込み、やがて蒸発して空に還っていきます。雪も空から降ってきて、地上に積もっても、溶けて、同様に空に還っていきます。

では人間はどこから生まれてくるのでしょうか？　木の股から？　コウノトリが運んでくる？　地から湧いてくる？　いえいえ、人は天から降ってくるのです。そしてお父さんとお母さんの染色体が合わさって作られた、胎児のからだの中に納まるのです。オギャーと生まれた赤ちゃんは成長して、社会人になり、人生を全うして、そして死に至ります。

体は土に還りますが、しかし、あなたは「お墓」の中にはいません。少し前にそんな歌が流行りましたね。ではあなたはどこに還っていくのか。そう、天に還っていくのです。

勁力はどこから

いえいえ、私が問題にしたいのは信仰ではなく「勁力《けいりょく》」についてです。勁力とは、多くの武術の実践者が身につけたいと望む「技の力」のことです。

勁力は「丹田」から発せられるのだと多くの人が考えています。また、「地」からの力を利用するのだと教えられています。私はこのような考えを否定するわけではありませんが、もっと本質的な理解があると考えるのです。

「勁力は雨や雪のように降ってくる」のだと考えてみてはいかがでしょうか。私はこの考えを「トップダウン法則」と呼びます。

ボールは勝手には動かない

地面に一個のボールがあります。ボールが動くためには、何らかの力をボールに働きかける必要があります。もしあなたがこのボールを蹴ってやれば、ボールは逆らうことなく飛んでいきます。

ただし、このボールに働きかける方法を誤れば、例えばあなたが悪意を持って「このボールをつぶしてしまおう」と力任せに踏みつければ、ボールの弾む力で、逆にあなたは勢いよく転がされてしまうかもしれません。

さて、ではボールを頭上に持ち上げてみましょう。手を離すとボールは落ちて、地面に当たり、跳ね返り、生きているようにジャンプして、力が収まるまでそのジャンピングが続きます。あなたはボールを持ち上げただけで、それ以上の力はボールに加えていません。

これはつまり、「落ちる力」を利用したのです。「重力を利用する」と表現する老師もいますが、これが発勁の原理です。実は理論としてはこのようにごく簡単に理解できるものです。

武術の威力は「トップダウン」

すべての武術は、敵との攻防のために長い時間をかけて練り上げられた「技術」を教えます。生徒は、師匠からそうした技を同じように学びますが、多くの生徒は、ただ美しく形をリピートすることはできても、師匠のような威力はありません。師匠と同じような技が使える弟子は「例外」と思えるくらい少ないのです。

それはなぜなのか？　一言でいうと、その大きな原因は「ボトムアップ」で技を理解して身体を動かしているからではないかと私は考えます。ボトムアップは「たたき上げ」です。努力に努力を重ね、筋肉運動も人一倍積んで技をつかもうとするのです。しかし、表面的な筋肉をいくら鍛えても、理想とする師匠のようなキレのある技はつかめません。

「トップダウン」というと、何か「天下り方式」とかいやなイメージがあるかもしれません。「オイラはたたき上げだぜ」と、のし上がって偉くなる人もいるもので否定できませんが、どんな分野でも何かつかんだ人は、絶対間違いようのない「トップダウン法則」をつかむものです。

トップダウン方式

「手」の動かし方が武術です。手は下に垂らした状態から振り上げ振り下ろすよりも、まず最初に頭上にあり、そして下へ振り下ろし、また頭上に上がっていくという運動のほうが望ましいのです（次頁イラスト1・2）。

下から上に振り上げ振り下ろすような動作を「ボトムアップ」と呼びます。クワで畑を耕す動作や、斧で木を切る動作など、力仕事の動作で多くの人がそのように動きます。

トップダウンの運動

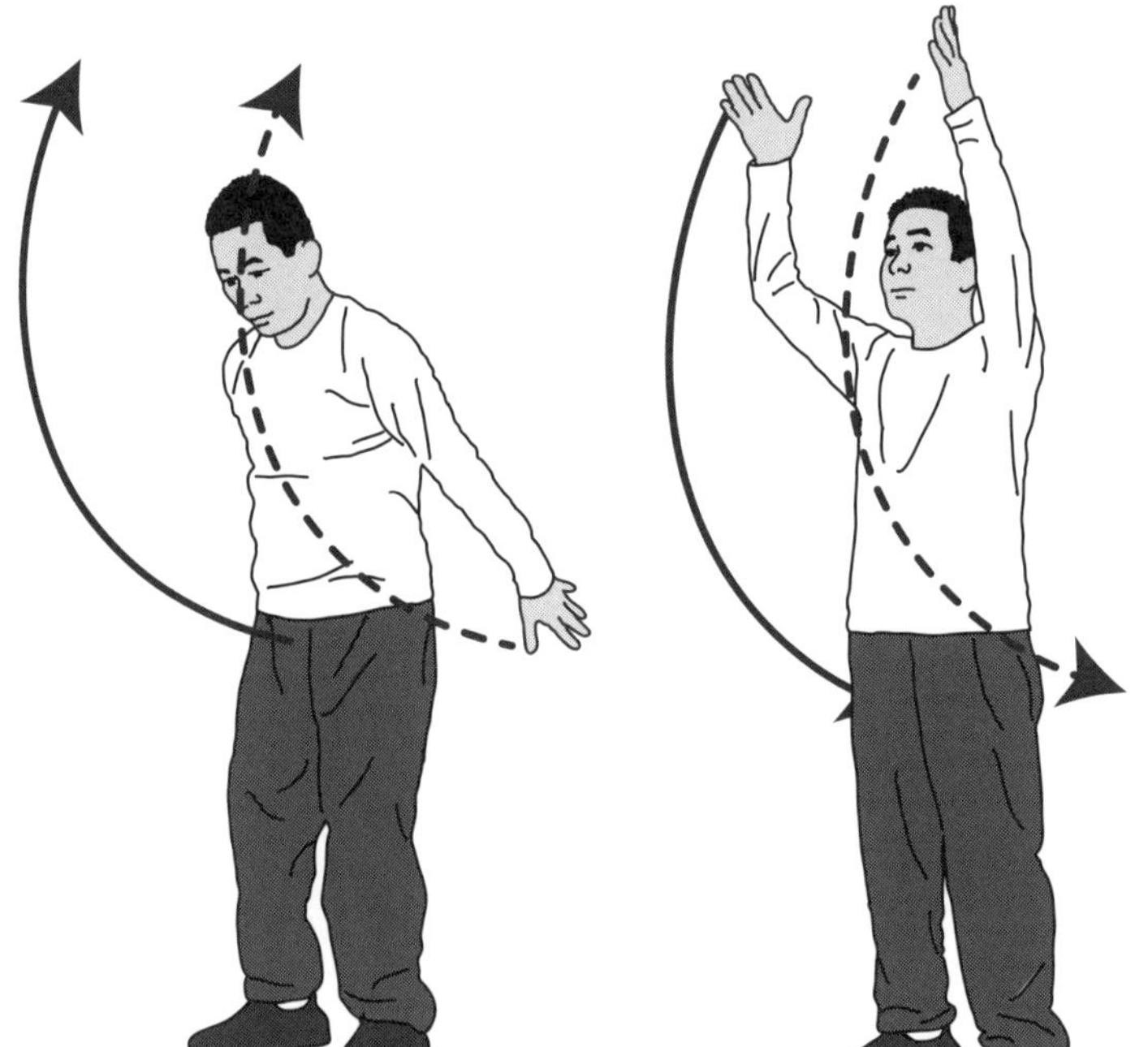

イラスト2　　　　　　イラスト1

それに対して、同じクワを使う動作でも、まずクワを振り上げておいて振り下ろし、その反動で振り上げることもできます。これが「トップダウン」です。次の「鹿のエクササイズ1」は、あなたの「運動に対する常識」を覆す力があると、私は信じています。

OTM実践法「鹿のエクササイズ1」

1. まず、足は右足を一歩前にして、後ろ足のかかとはやや浮かせて立ちます。それから両手を頭上に持ち上げ、右手が上でその下に左手が位置します。両手の親指をやや引き締め準備します。この状態が出発点です（次頁写真1／写真2は手元のアップ）。

2. 次に、力を抜いて振り下ろすとき、両手は小指側を軽く握り（写真3／写真4は手元のアップ）振り下ろします。体重は後ろ足に乗り、同時に両膝が曲がり中腰姿勢になります（写真5）。

3. 両手は後ろまで振り下ろし（写真6）、そこで止めないで、反動で両手を頭の高さに振り上げます（写真1に戻る）。振り上げるときは両手の親指を引き締め、体重は前の足に乗せます。

鹿のエクササイズ1

提肛

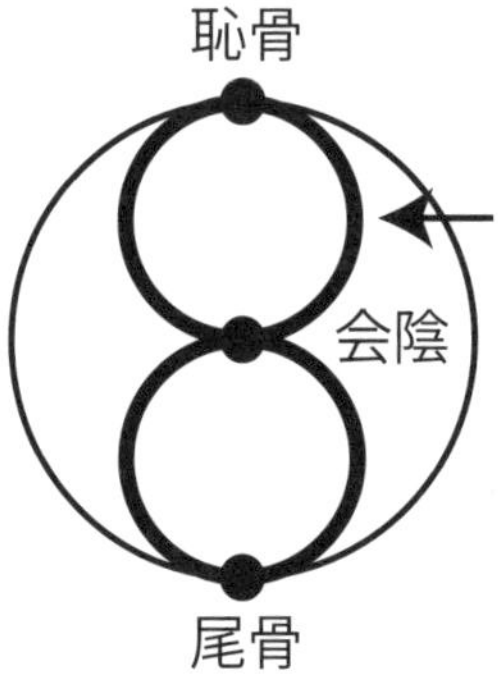

PC 筋は骨盤底にあり、8 の字の形をしています。PC 筋は緩みやすく、日々の生活で気を付けて引き締める必要があります。体の基底部に隠れていますが、武術的な動作の秘訣は PC 筋に隠れているともいえます。

バンザイ効果

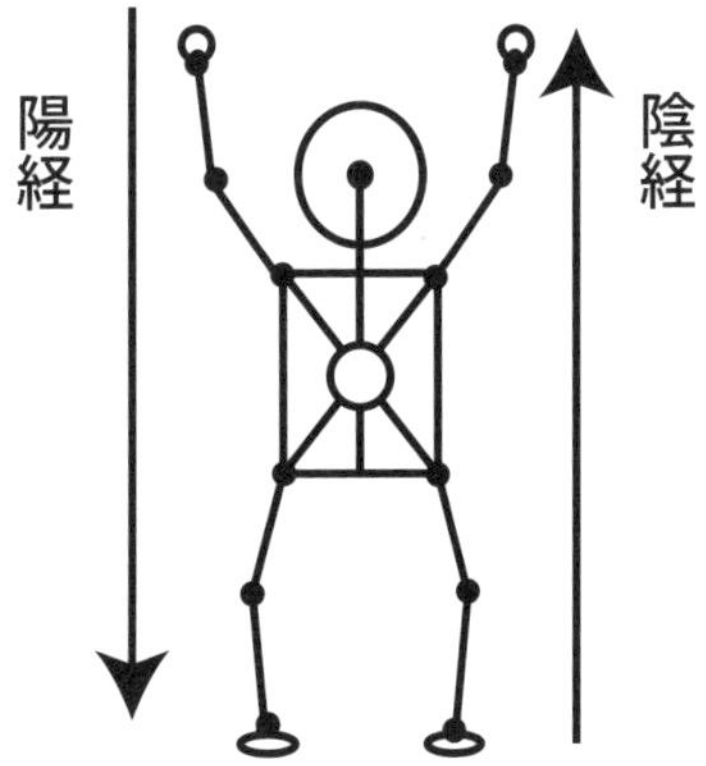

両手を頭上に上げることによって、六臓六腑につながる「経絡（十二正経）」が開きます。経絡とは「気」のルート。陰経が六本と陽経が六本あります。「陰経」は足元から手の先まで通っています。「陽経」は手の指先から頭上に上がり、頭上から足元に下りるように通っています。

4. 1～3は連続動作です。これを繰り返します。10回ほど行ったら、左右を入れ替えて同様に練習しましょう。

ワンポイント・アドバイス

このエクササイズには「提肛《ていこう》」が含まれています。「提肛」とは会陰部を引き上げることです。この運動を「鹿のエクササイズ」と命名したのは、古くから伝わる「五禽戯《ごきんぎ》（※註❶）」の教えに基づいています。

その教えによると、鹿は「精力」の強い動物であるとされます。それは、いつも尻尾をピクピク動かしていて、尾骨から背骨に沿って流れている「督脈（※註❷）」という経絡の通りが良いためだというのです。漢方で鹿の角が精力剤とされているのは、あり余る精力が「督脈」に沿って頭部の角に流れてストックされるためであると言われています。

両手を頭上に上げるときに鼻から息を吸いながら提肛します。両手を振り下ろすときに口から息を吐きながらお尻（会陰）を緩めます。

お尻の表面の「大殿筋」を引き締めるのではありません。骨盤底筋、別名ＰＣ筋（８の字筋）を引き上げるようにするのです。この筋肉が緩んでいると内臓の位置が正しく保たれず、神経系統が緩み、姿勢のゆがみのもとになります。その場合は当然、武術的な正しい姿勢や切れのある動作をすることができません。

両手の親指を引き締めるときは、小指側は伸びています。逆に小指を曲げるときは、親指が伸びます。

註❶：五禽戯　後漢末の医師「華佗」のまとめた気功法（既著『誰でもできる！五禽戯』参照）。
註❷：督脈　奇経八脈という八本の経絡のうちの一脈、尾骨の先から上顎の歯の付け根まで通っている。

武術的応用

1. B（生徒）は両手を頭の高さでバンザイした形で立ちます（次頁写真1）。
2. A（老師）はBの両腕をしっかりとつかみます。
3. Bは両腕を沈めようとしますが、ビクともしません。
4. Aは腕の正しい動かし方を教えます。
5. 今度はBが腕を軽く下げるだけで、Aを沈めることができました（写真2〜3）。

鹿のエクササイズ１の武術的応用

ダウン・アップの図

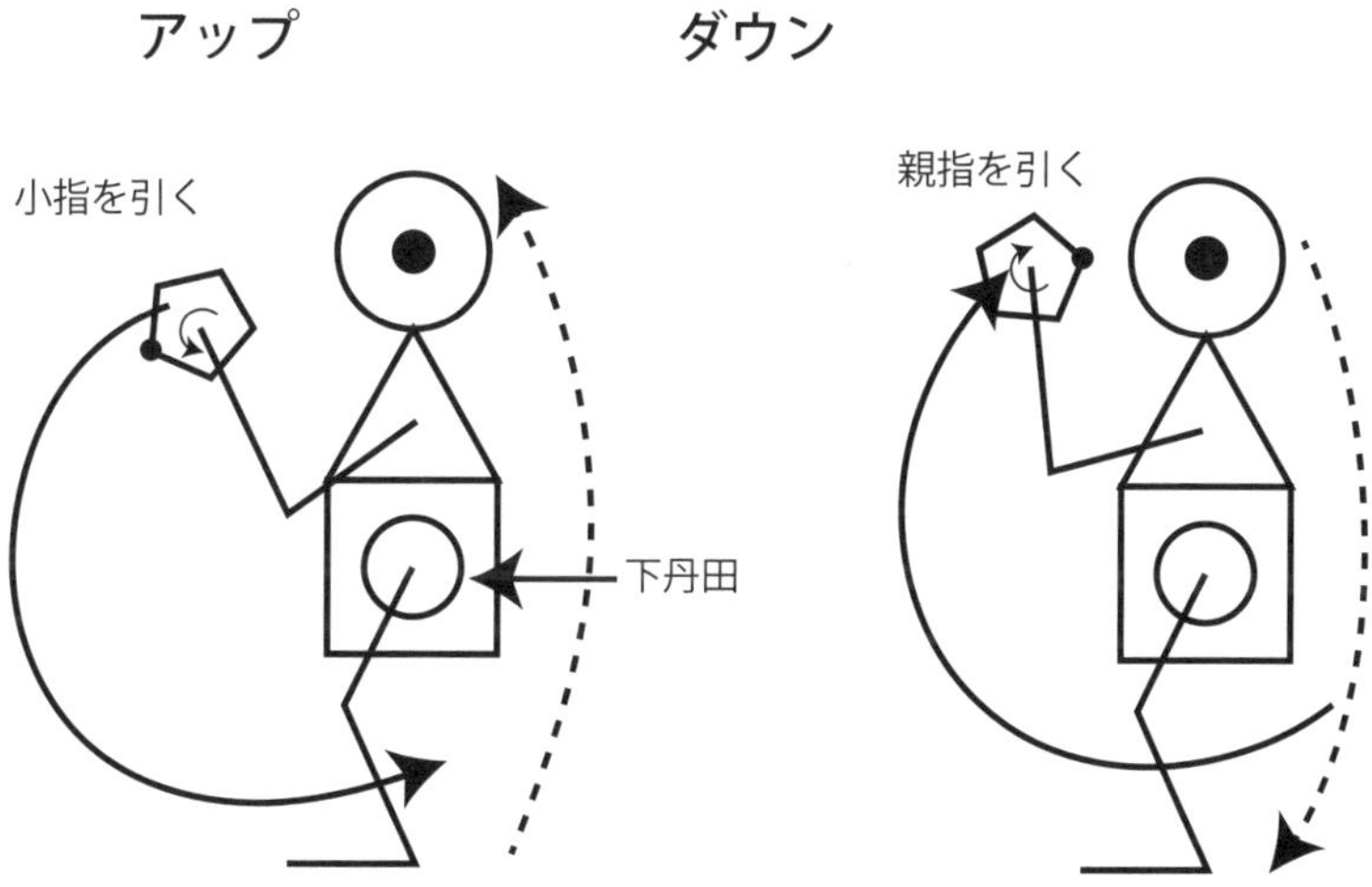

手を上げるから「アップ」、振り下げるから「ダウン」ではありません。親指を引き、両手を上げる動作で「力」が下半身に下がってくる、それが「ダウン」。小指を引き両手を振り下ろす動作で、「地に下がった「力」が両手に流れていく、これがアップ。ですから「トップダウン」の動作は、ダウン（親指を引く）・アップ（小指を引く）と動きます。

ボトムアップの動きとトップダウンの動き

ボトムアップの動きとトップダウンの動きの具体例を一つ示しておきます。
①〜②相手に両手をつかまれている際に、力任せに上に持ち上げようとしても、なかなか持ち上がりません。これがボトムアップの動き。
それに対して、手首に角度をつけることで、自然と力が足元へダウンし（③）、大地の力を利用する形となり、相手を崩すことができます（④）。これがトップダウンの動きです。

第4章 円相と静止力

「天地創造」と「国生み」神話

ウイリアム・ブレイクの「天地創造」という絵は、天界の神様が地上に向けてコンパスをかざしています。古事記、日本神話の「国生み」の物語では、イザナキ神とイザナミ神が、天の浮橋という空に浮かんだ橋に立って、地の表に天《あめ》の沼矛《ぬぼこ》を突き立て、コウロコウロと、かき回して引き抜くと、オノコロジマができたとあります。

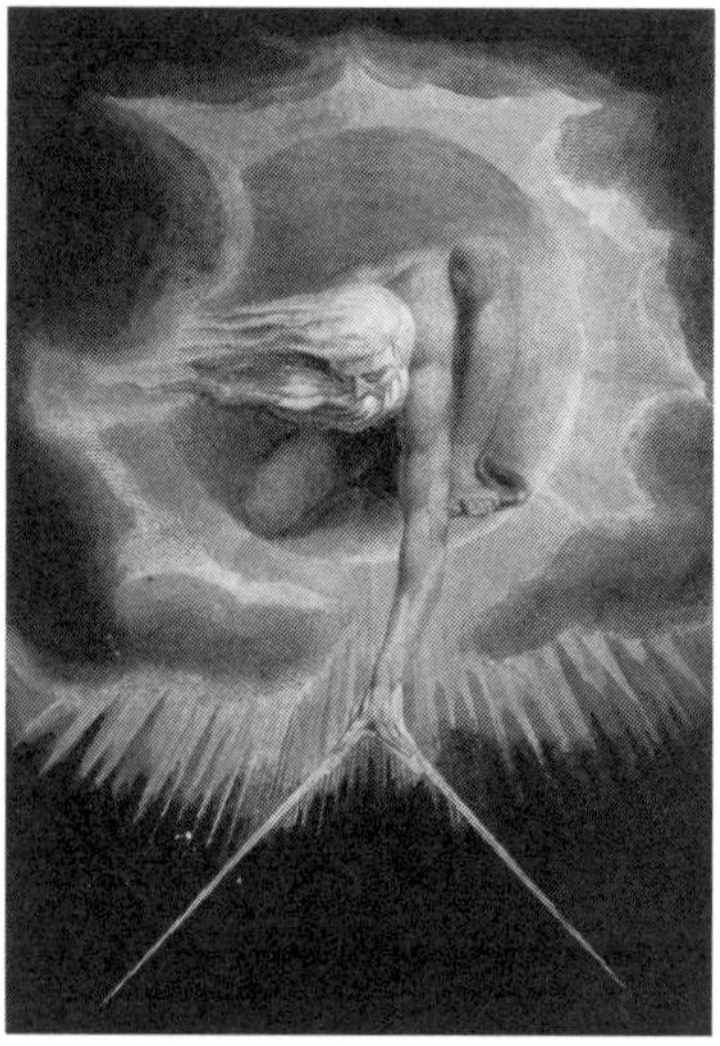

ウイリアム・ブレイクの「天地創造」。

国も時代も異なる二つの話で、「コンパス」と「天の沼矛」と違いがありますが、この「天地創造」と「国生み」とは、とてもよく似ているとは思いませんか。コンパスは「規矩準縄《きくじゅんじょう》（※註❶）」の一つです。垂直に下す矛は下げ振り縄と理解できます。つまり、大工さんが家を建てるための大切な道具です。天から下す「矛」を武術に応用して、私は「天の中心軸」58頁イラスト1）（既著『太極拳のヒミツ』で詳説）と呼んでいます。

註❶：規矩準縄　規はコンパス、矩は直角定規、準は水準器、縄は下げ振り縄。あらゆる物事の基準をいう。

天は丸く地は四角い

古い教えに「天円相地方形」があります。「天は丸く地は四角い」という意味です。それは古代人の宇宙観です。現代人である私たちは、このような言葉を聞いて、「なんだ、昔の人は宇宙が丸い形で、地球は四角い形をしていると思っていたのか」などと、とらえてはいけません。私たちは古い時代の考え方を学び、それに基づいて物事を見直していくべきです。

「天」は○で表します。天は私たちの世界からはマルで見えませんが、私たちの周囲の空間の、どの一点からも、その向こう側に、この世と隔絶した世界が広がると想像してください。しかし、私たちの知覚器官や思考力は粗雑すぎて、その存在に気づくことができないのです。

四角い世界に生きる私たちと丸い天界とは、同一空間にありながら遠く隔たっています。天界に近づくためには、三角という山に登らなくてはいけません。四角は「俗界」、三角は「仙界（意識の精妙化）」、丸は「天界」を意味します。

俗界、仙界、天界

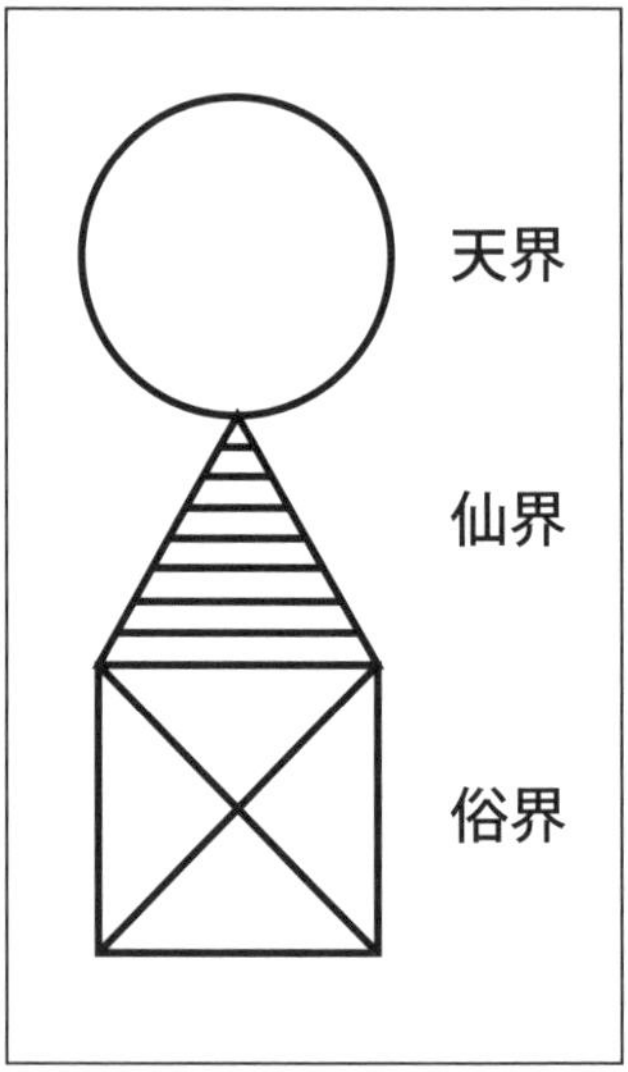

仙人の「仙」は山の人と書きますね。俗人（私たちのこと）の「俗」は、谷の人と書きます。仙界には「赤い灯、青い灯（歓楽街）」はありません。俗界から見れば、まったく面白みのない世界です。天界に至っては、「認識」することすらできません。

どのような分野でも何かを学ぶときは初歩の理解（□）が必要です。武術を学び始める人が１００００人いるとします。初歩の理解を超えて上に登れば登るほど、同等の理解に達した人は減っていきます。中級者は１０００名に減りました。さらに上級者になると10名ほどになるでしょう。そして究極の理解に達する人は、ほとんど1人しかいません。その頂点に立った人には「天」の声が聞こえてくるのです。

「円相」の威力

太極拳の練習法に、じっと動かずに、ただ立ち続ける「站椿功《たんとうこう》」という訓練法があります。別名、「三円式站椿功」と呼ばれます。この「三円式」とは何でしょうか？　それは、両手や両足で「球」を抱えるような状態を作るのです。そして全身が「球」の中に納まると見ます（次頁イラスト1）。つまり、図A（次頁）のような形の図形からなぞらえた名称なのです。

三つの円で作るこの図形は「マルハチマーク」（図A）と呼びましょう。太極図（図B）はこのマークを黒く塗って変形した図なのです。太極図は図の意味するところが強調され、わかりやすくなっています。一方、原形のマーク（マルハチ）はオリジナルであるだけに、様々に変形が可能なのです。〇といっても、手も足も関節で作られているもので、もちろん決して「丸い形」を作ることはできません。「円相」とはつまり「丸い相（スガタ）をしている」ということです。易者が「手相を観る」といいますね。易者は客の手の「シワ」を観ますが、それはシワではなくシワに示されたその人の過去現在未来の「運命」を観ているのです。

天の中心軸と三円式站椿功

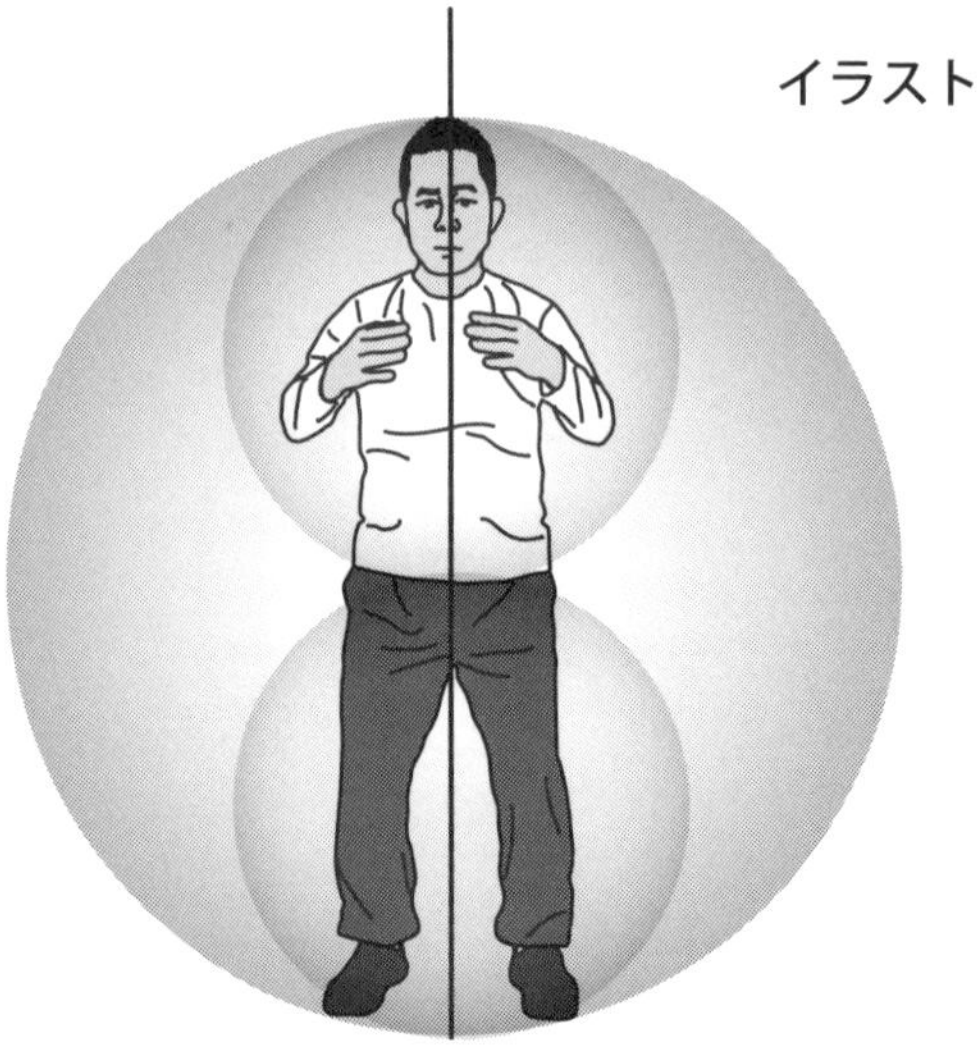

図A

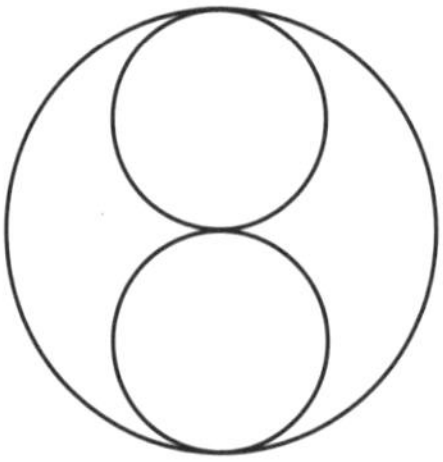

同じ直径の円が縦に並びます。上の円は「天」を表し、下の円は「地」を表します。天とは私たちが五感でとらえることができない世界、地は私たちが理解できる常識の世界です。その二つの円をすっぽり内接する円は天地の「在りてあるもの」すべて、つまり「神」を表します。この図は日本では古くから「マルハチ」と呼ばれています。

図B

太極図の別称は「陰陽魚」と呼ばれますが、確かに黒い魚と白い魚がデザインされていますね。黒い魚の目は白く、白い魚の目は黒く表現され、「陰の中に陽を含み、陽の中に陰を含む」というメッセージが込められているのです。もちろんそのことで原型である三円式のマークよりもメッセージがわかりやすくなったのです。

静止力

では、この動作のない、ファイティングポーズをとることもない「站椿功」にどんな効果があるのでしょうか？　それは、じっと立つことによって、空間に遍在する「気」のエネルギーをチャージしているのです。スマホを一晩チャージするのと一緒です。

一般的なトレーニングは、早く走ったり飛んだり、重いものを持ち上げたり、より早く、より強くと、トレーニングしていきますが、站椿功は両手で球を抱えるようにして、じっと動かないでいるのです。この実践を継続するうちに、体の中にしっかりとした「中心」が作られます。そうです、それが「丹田」です。

丹田には三種類あり、頭部の上丹田（○）、胸部にある中丹田（△）、そして腹部に下丹田（□）があります。上丹田や中丹田には、「気」のエネルギーを常時チャージしておくことはできません（してはいけません）。「気」をしっかり保管する場所は「下丹田」をおいてほかにありません。

下丹田にしっかり「気」が蓄えられると、その人はただ立っているだけで、周囲の空間から、より強い「気」のエネルギーが集まってくるようになります。それが静止力です。

また、動くときも、この静止状態を基礎にして慎重に動いていくのです。そのようにゆっくり重く動くことで、実践者は深い「充実感」を味わうようになります。古の武術の実践者にとってこの理解は、ごく当たり前のことだったのでしょう。

ＯＴＭ実践法「熊のエクササイズ１」

熊は普段はおっとりしていますが、怒らせると前足の一撃で、剛猛な虎をも倒すといわれています。それを「外柔内剛」といいます。熊のおっとりした動作に秘めた強さの秘訣は、首と全身の柔らかさにあります。

この「熊のエクササイズ」は「気」の力を下丹田にしっかりチャージすること、そして、足まで沈めた「力」を両手に流すことを目的にしています。

１．手のひらを合わせ、こすり合わせます。できれば50回から１００回ほど続けましょう。終わると両手がじんじんしますね。これは「気」をとらえる感覚「気感《きかん》（※注❷）」です。「なんだ、摩擦したのでしびれているだけだろう、どうしてそんなものが『気』の感覚なのか」と疑問に思う人も、実践を続けてください。

2. 足は肩幅の二倍ほど開き、両膝をやや曲げ、中腰姿勢を作り、両手を地面に向けます（次頁写真1／1'は横から）。この形は「陽の腕（※註❸）」です。手のひらに注意を向けると、何らかの「気感」が得られるでしょう。これは地面から立ち上っている「地の気」です。え、あなたはこの説明に納得できない？ でもそのまま立ち続けましょう（約1〜3分）。

註❷：気感　「気」の感覚は温感・冷感・膨満感・重さ・軽さ・しびれ感・痒さ・浮遊感など八触あるといわれる。
註❸：「陽の腕」というのは手のひらがどこにあっても「押す」ような腕をいう。「陰の腕」は球を「抱える」ようにした腕の形のこと。どちらでもないニュートラルな腕を「中の腕」と呼ぶ。この名称は著者の造語である。

ワンポイント・アドバイス

この中腰姿勢になるとき、あごをやや引き、胸は凹ませ、背中の肩甲骨が広がるようにします。上体がわずかにのけ反るようになります（写真2／2'は横から）。この状態が「ダウン（64頁イラスト2）」です。しばらく立っているうちに「気」が下丹田と下半身に集まってきます。

3. ゆっくり息を吸いながら、両手は球を描くように動かします。両腕は「中の腕」になり、上体ののけ反りが消えます（写真3）。

熊のエクササイズ1

3

5

4

力の移動と「勾玉」

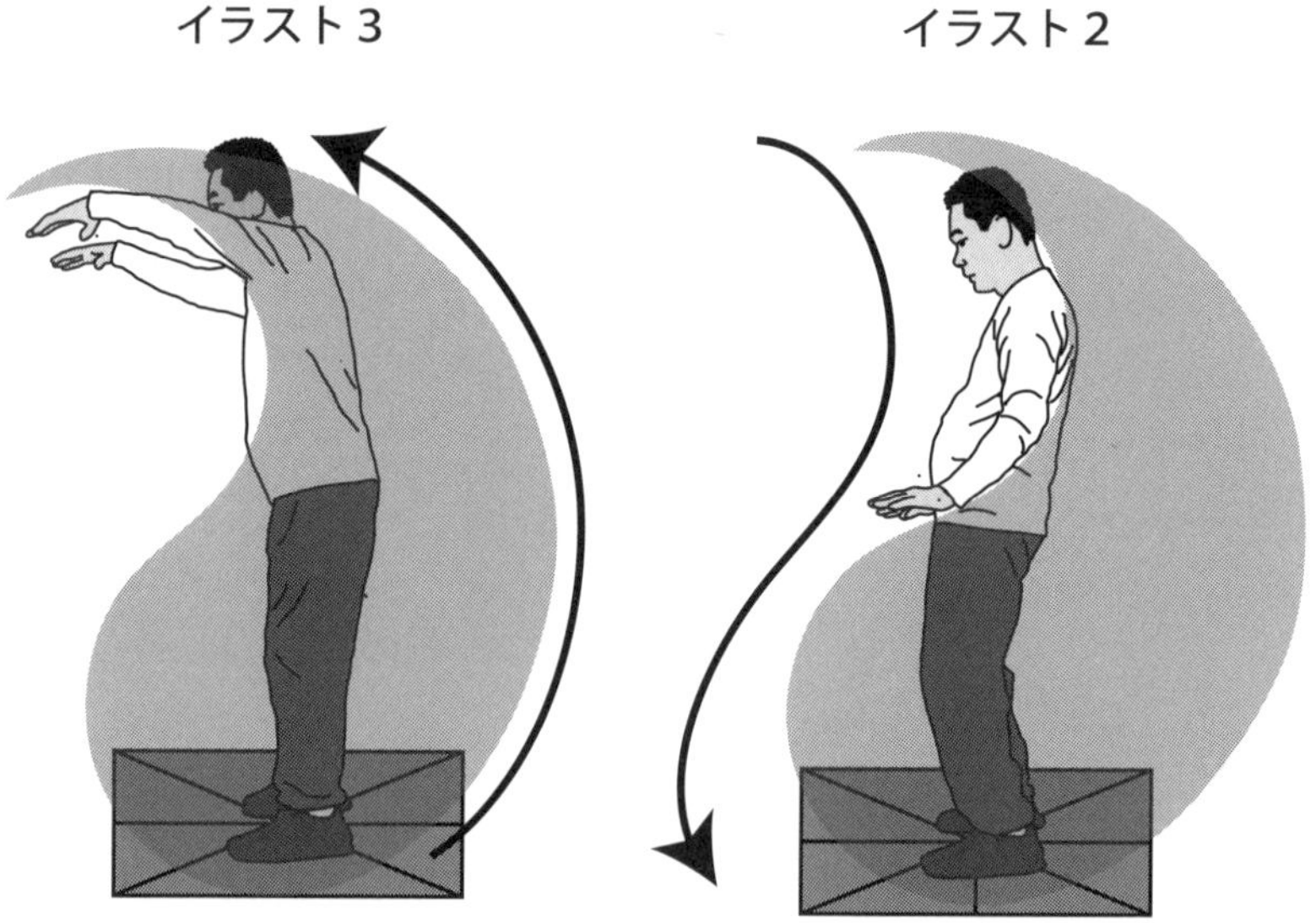

太極図を二つに分割すると「勾玉」になります。この形でダウン・アップの運動を理解することができます。

4．上体をやや前傾して両手は前方に突き出し「陰の腕」になります（写真4）。この状態がアップです（前頁イラスト3）。「力」が足元から両手の先まで上昇してきます。

5．上体を起こし、息を吐きながら両手をゆっくり下ろしていき、写真5の状態になります。すると「気」は下丹田に納まります。2から5までの動作を何度か繰り返しましょう。

6．終わるときは両手をお腹に近づけ、しばらく待ちます。これを収功といい、「気」のトレーニングを終えるときのポーズとなります。

ワンポイント・アドバイス

両腕を垂らして「陽の腕」を作るときは、親指をやや引きます（62頁写真1）。すると残りの四本の指がしっかり伸びます。「陰の腕」（写真4）になるときも、親指の引き締めはしっかり保ちましょう。

武術的応用

さあ、この「熊のエクササイズ1」が、果たして「武術の攻防」に役に立つのでしょうか？　二人で実践してみましょう。

〈その1〉

1．Aは「陽の腕」の状態で両腕を垂らして、ただ立っています。

2．BはAの胸を強く押してみましょう（次頁写真1）。

3．Aはビクともしないで立っています（写真2）。

熊のエクササイズ１の武術的応用

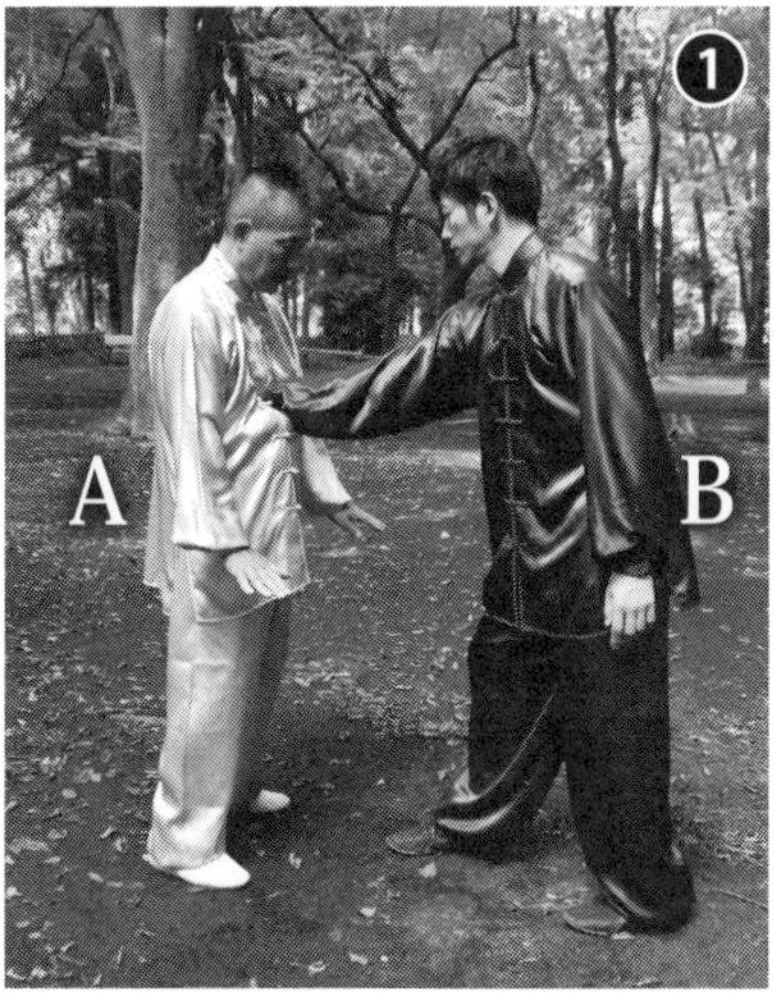

〈その2〉

1. Aは両手を「陽の腕」にして腹部の高さにし「ダウン」の姿勢をとります。BはAの胸と左手首をしっかりつかみます（次頁写真3）。

2. Aは右手をBの左手の下にあて、左手は円を描くように持ち上げ上体をやや右に回します（写真4～5）。

3. BはAの動きを制止することができず、横に飛ばされます（写真6）。

3

4

5

6

第5章

□は常識社会

吾唯、足るを知る

京都の龍安寺には有名な「知足の『蹲踞《つくばい》』（※左上写真、註❶）」があります。この蹲踞には、水を溜める四角い穴の周りに四文字、上に「五」、右に「隹」、下に「疋」、左に「矢」と刻まれています。

Photo by ©Tomo.Yun（http://www.yunphoto.net）

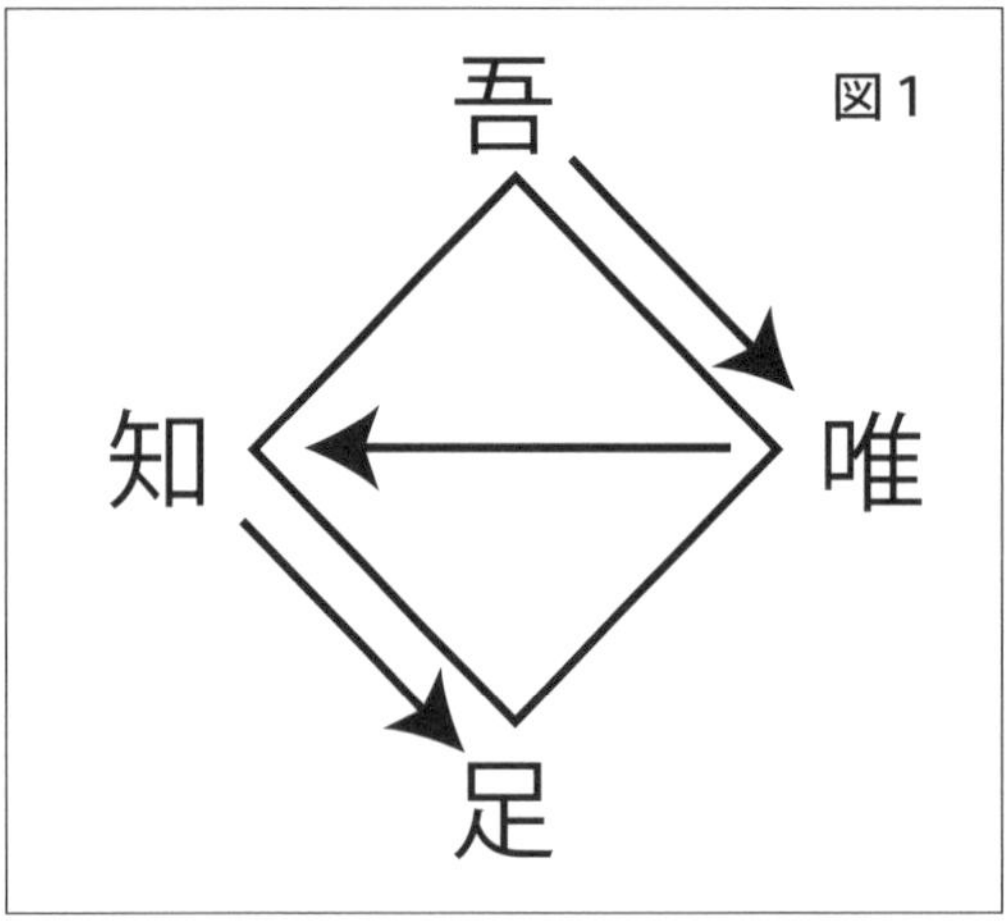

その文字だけ読んでも意味がわかりませんが、中央の四角い穴を「口」と理解してそれぞれの文字に加えると、時計回りに「吾唯足知（われ ただ たるを しる）」と読むことができるといわれています（「漢文」に忠実に読むには、「吾唯知れり、足るを」と、ジグザグに読むのが正しいでしょう［前頁図1］）。

まるで禅問答のような、含蓄のある四文字を刻んだこの蹲踞は、水戸黄門として親しまれている、あの徳川光圀公から寺に寄進されたものであるとされています。そうです、「これが目に入らぬか」で有名な水戸黄門様。「この蹲踞の『○と□』が目に入らぬか!!」と言ってほしいです。

註❶：蹲踞　茶室の露地に低く置かれた石製の手水鉢（ちょうずばち）。茶客が入席する前に、ここで手を清める。

四つの方位

プロレスやボクシングの四角いリングは「死闘を繰り広げる舞台」です。

都市の構造は四角形です。建物もほとんどが四角形、直方体が基本ですね。もちろん最近は丸いビルや、もっと不思議な形をしたビルも造られるようになりましたが、私たちが住む住居空間は基本的にやはり四角形に囲われているでしょう。本もパソコン、スマホも四角形です。

四角形というのは「常識・物理的空間」を意味します。しかし四角形は、それだけでは堅苦しくて柔軟性に欠けるでしょう。融通のきかない杓子《しゃくし》定規にしか理解できない人を「スクエアな奴」と呼びますね。

カードは人生

トランプカードのダイヤは北、スペードは東、ハートは西、クラブは南を意味します(下掲図2)。ダイヤはお金、スペードは理想、ハートは愛情、クラブは情熱を意味し、私たちの人生はこの四つの兼ね合いによって成り立っていると教えられています。

それぞれの要素を過度に求めると苦闘の人生が

カードのマークの意味

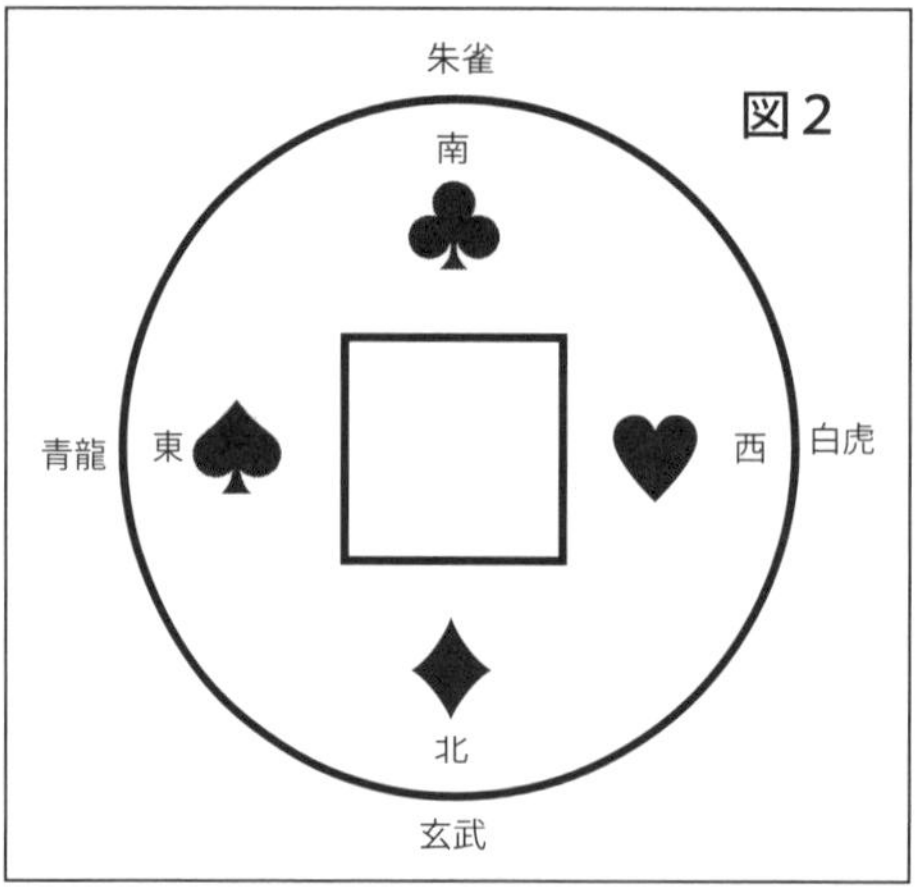

待っています。お金は必要だが過度に求めない。理想を持つのは素晴らしいが、度が過ぎると周囲との対立を起こす。愛情も求めすぎれば愛憎のもつれに苦しむ。物事に熱くなるのもほどほどがいい。

自分はこの四つの真ん中に座って満ち足りていればいいのです。そう「足るを知る」という龍安寺の蹲踞の教えと同じです。

相撲のリングと四聖獣

両国、国技館の相撲のリング、丸い土俵の四隅には、古くは四本の柱が建てられていましたが、今ではテレビ中継のために取り除かれ、青い房と、白い房、赤い房、黒い房が下がっています。青房下は東、白房下は西、赤房下は南、黒房下は北に位置しています。

奈良のキトラ古墳から出土した極彩色の壁画に描かれた四聖獣は、青龍は東、白虎は西、朱雀は南、玄武は北を意味しています（前頁図2）。古い時代には日本でも中国でも、さらには西洋でも、四角形が「東西南北」を表現し、東は「青」、西は「白」、南は「赤」、そして北は「黒」で表現されたのです。

人体に当てはめると

人体にも四角形を当てはめることができます。手足は四肢と呼ばれるように、両手二本と両足二本、合わせて四本が四方と四色に当てはまります。右手は東で青、左手は南で赤、右足は西で白、左足は北で黒となります。ちなみにお腹は黄色です。中医学では、肝《かん》は青、心は赤、脾は黄色、肺は白、腎《じん》は黒と教えられています。

つまり、手足は五臓六腑とつながりがあるのです。四角形を人体に当てはめた場合、バッテンは左右の手足のつながりを表しています。この理解は、武術を追求する人にとって大変重要な理解でしょう。

力の流れは「ヒモ」

さて、本書では、「力（勁力）」の流れについて、「陰陽虚実の法則」（第2章）や、「トップダウンの法則」（第3章）や、「ダウン・アップ」（第4章）について、順に紹介してきましたが、本章

全身周転法（陰陽のダウン・アップ）

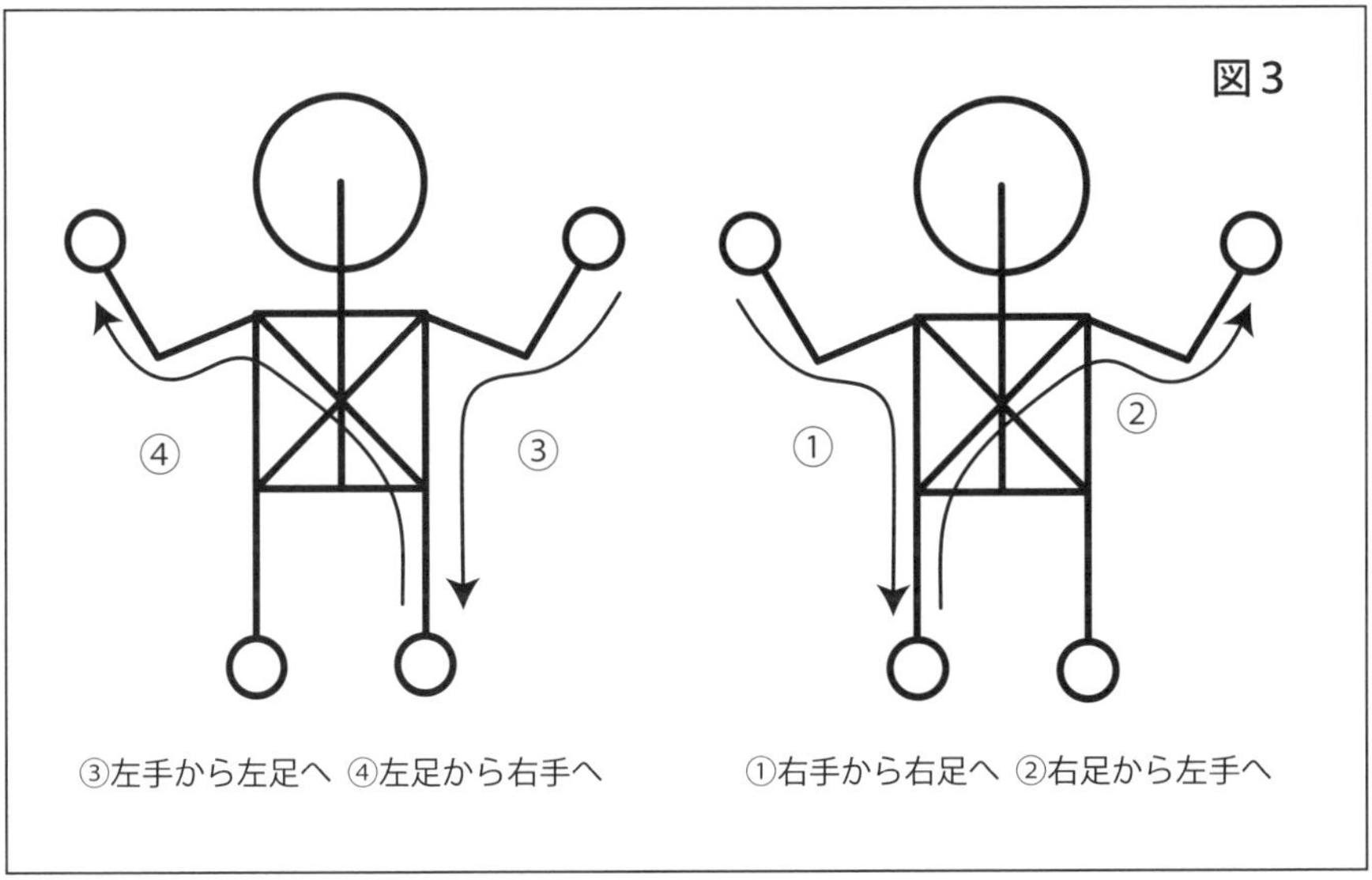

③左手から左足へ　④左足から右手へ
①右手から右足へ　②右足から左手へ

では「全身周転法」（上掲図3）について解説していきます。

私たちはすでに、「アップ」と「ダウン」という二つの概念を理解してきました。これまでは「天地」の概念だけで説明してきましたが、今回はそれに左右の陰陽虚実が加わります。力の流れを「ヒモ」として理解していきましょう。

実際にエクササイズを学ぶ前に、まず、人体略図を使って、力の流れを理解しておきましょう。図3を見てください。四角形は胴体を表し、四角形の四隅をつないで筋交いが描かれていますが、その四隅から両手両足が伸びています。この図を一筆書きするようになぞってみましょう。

◎陰のダウンアップ

右手からまっすぐに右足に落ちます（ダウン）。右足に下りたら、折り返し、バッテンのルートを通って上昇し、左手に流れます（アップ）。

◎陽のダウンアップ

左手からまっすぐに左足に落ちます（ダウン）。左足に下りたら、バッテンのルートを通って上昇し、右手に流れます（アップ）。

以上が「力（勁力）」の流れの一循環です。太極拳の套路の動作はすべてが、規則正しくこの流れに沿って作られているのです。もちろんこの理解は常識的な理解ではありません。現在は私の個人的な意見にすぎません。

当然ですが、他の武術の中にも、武術に限らず各種スポーツの様々な動作も、よくよく理解してみると、この流れを発見することでしょう。もちろん、私がこれまでに学んだ武術やスポーツは限られており、私の全く知らない動作について「これはどうだ？」と質問されて、すべて正確に答えられるわけではないでしょうが、あなたがこれまでに学んだ武術のかたちや動作を、この法則を応用して自ら確認してみてください。

一般に、「物事は疑うべし」と、新しいことに対して無条件に受け入れることを戒めています。しかし、疑うだけでは生産性がありません。私の考え（実は古い教え）に「同調」して、あなたが新しく発見していくのです。

OTM実践法「熊のエクササイズ2」

「熊経鳥申《ゆうけいちょうしん》」というと、「熊はゆすり、鳥は伸ばす」つまり、気功の実践を意味しています。古い時代には、これは気功、これは武術というような区別はありませんでした。本来名前もはっきりしない『気』の実践法」があったのです。それを日々実践する人は、若さと健康を保つことができました。有り余る「気」の力を病気の人に放射して、治す力がありました。また、敵からの攻撃で身の危険が迫ったときに、その動作を「利用」しました。

後漢末の医師、華陀はそのような古くからごく少数の人々が行っていた「気」の実践法をまとめ「五禽戯《ごきんぎ》」として後世に残しました。五禽戯の一つである「熊のエクササイズ」は、上体を前後左右に揺らすようにするのが特徴です。そしてそれが「脾胃（消化の働き）を強化するという効果を持っています。同時に、敵と対したとき、両腕の用い方が「武術的効果」を生むのです。

1. 足は肩幅よりもやや広めに開いて立ちます。体重は右足に七分、左足に三分かけます。右手を右斜め頭上に上げ、何かを支えるように「陽の腕」にし、左手は垂らしておきます。これが出発点です（80頁写真1）。

2. 次に、右手が自身の腕の重みで下がってくるのを感じましょう。このとき「力」は右手から、右肘、右肩、右脇腹、そして右股関節、右膝、右足首と下りてきます。右手首は自然に変化するのに任せます。これがダウンです（写真2）。

3. 右足裏まで下がるのを感じたら、上体をやや右に倒し、体重を右足に100%乗せます。右手はそのままダランと垂らし、左手も自然に垂れるに任せます（写真3）。それから、右足の裏から力が上昇してくるのを感じます。つまり、右足首、右膝、右股関節、そしてバッテン状に背中を通り、左肩に「力」が達するまでその右に前傾した姿勢で待ちます。

4. 左手は肩から肘、手首、手と力が上昇するのを感じ、弧を描いて左頭上に上げていきます（写真4）。

陰の柱とダウン・アップ

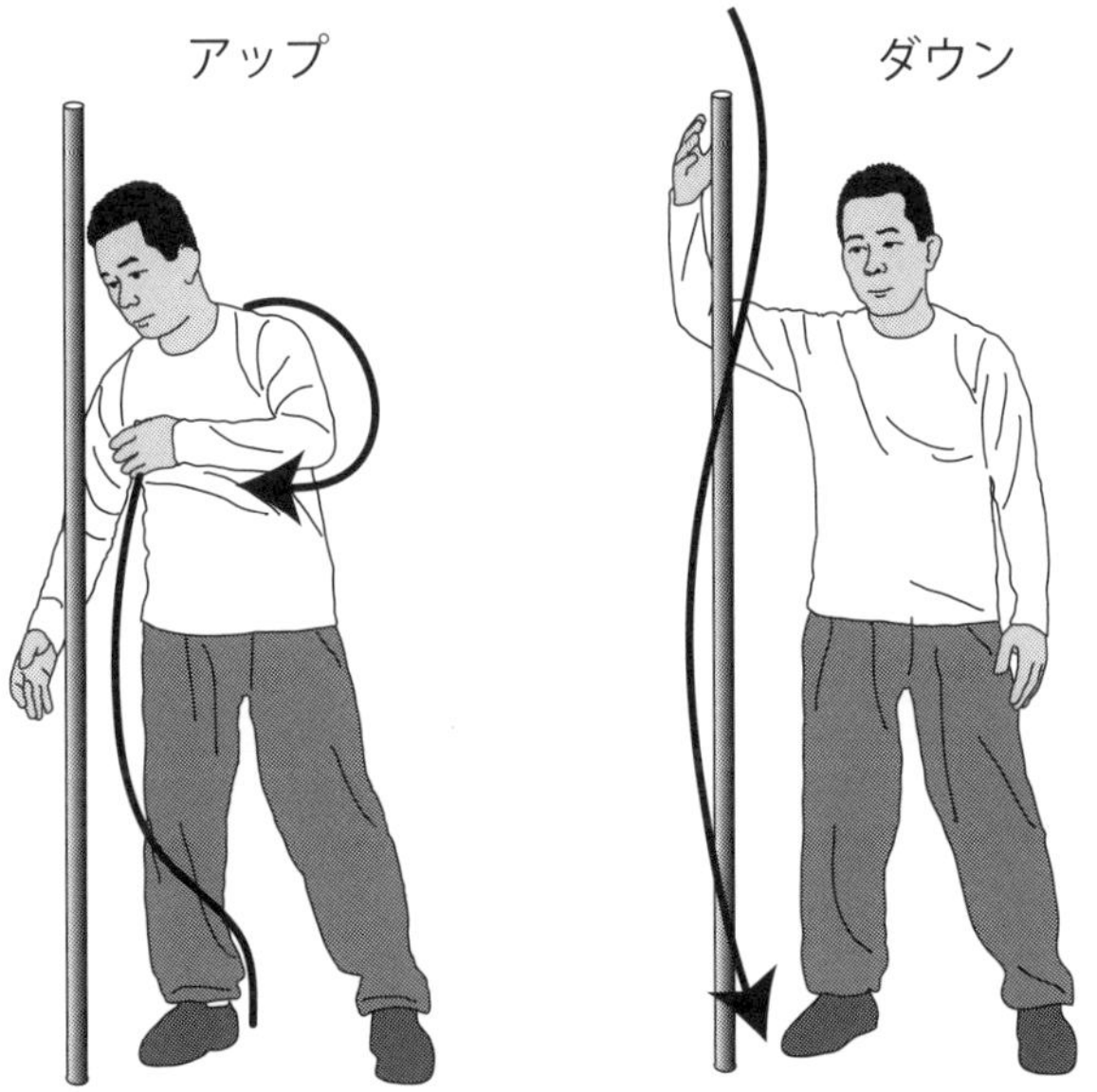

右（左）頭上に上げた右（左）手を下ろすとき、柱をイメージしてそっと触るように下ろしていきます。このようなイメージ操作が不思議な「力」を生むのです。

5. 左手は手のひらを返して見えない柱（陽の柱）を触るように、左斜め頭上に上げます。体重は左足に七分、右足に三分かけます（写真5）。

6. 左右を逆にして左手から、左足、左足から右手に力を流していきます（写真6〜8）。ここまでが1ラウンドです。続けてこの動作を何度か繰り返しましょう。

熊のエクササイズ 2

5

6

7

8

武術的応用

1. Aは右手を胸の前に出して立ちます。

2. BはAの右手を左手でつかみます（次頁写真1）。

3. Aは上体をやや右に倒して、エクササイズの通りに右手を動かします（写真2）。

4. Bは右手で殴りかかろうとします（写真3）。

5. Aはその腕を左手でかわします（写真4）。するとBは大きく振り回されてAの右側に飛ばされます（写真5〜6）。

熊のエクササイズ２の武術的応用

第6章 スキーと空手と△

弁証法とは

テーゼ、アンチテーゼ、ジンテーゼ

図1

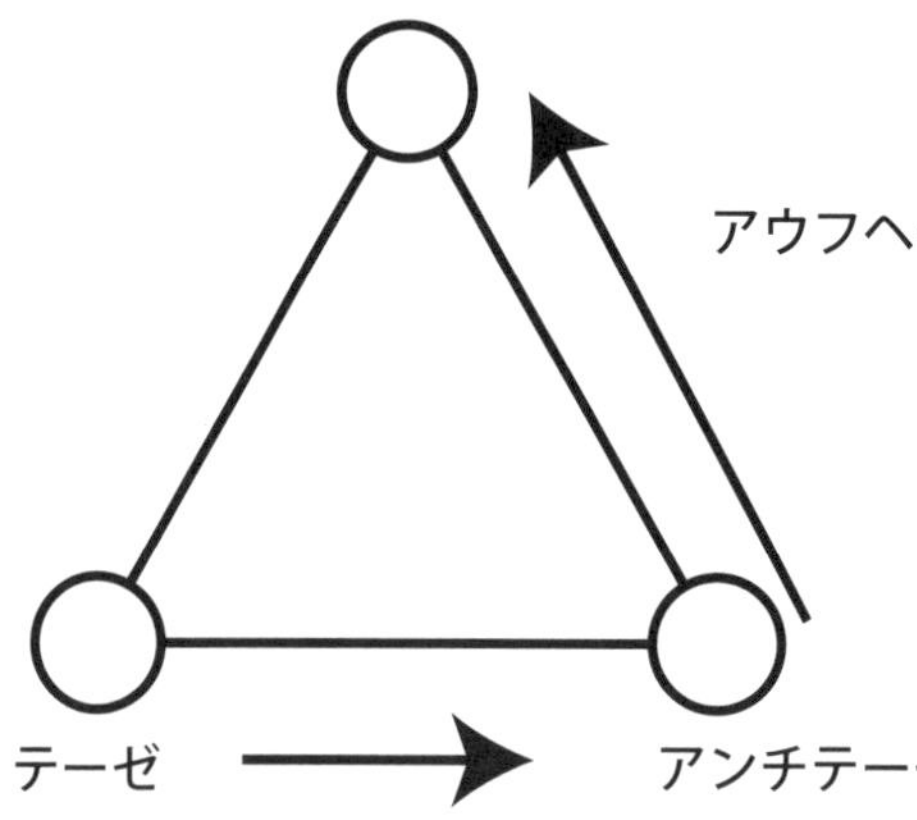

△という形には多くの重要なメッセージが込められています（図1）。

1「テーゼ（正）」
2「アンチテーゼ（反）」
3「ジンテーゼ（合）」

という三段論法（弁証法）です。テーゼとアンチテーゼは△の底辺の左と右です。そしてジンテーゼは三角形の頂点に位置します。

例えば誰かが、「リンゴは赤い」と言うとします。この意見が「テーゼ」です。必ずそれに反対して「いいやリンゴは青い」と反対意見を言う人が現れます。それが「アンチテーゼ」です。

つまり、与党と野党のようなもので、野党は与党の意見に対して必ず、反対意見を提示します。同一次元の反対意見の応酬では論争が尽きません。

それに対して「紅玉は赤く、王林は青い」という意見が出れば、それがジンテーゼです。この意見はテーゼ、アンチテーゼ両者の意見を統合するもので、両者を納得させるハイレベルの意見です。それをアウフヘーベン（昇華）と呼びます。

そしてさらにジンテーゼが「テーゼ」になって次の「アンチテーゼ」と対立します。するとさらにまたアウフヘーベンして、さらに高い意見である「ジンテーゼ」が生まれるのです。

太極とヨガ

気功や太極拳で用いる「太極」という概念は「陰」と「陽」の調和という意味で、やはり△に当てはめると、次頁図2のようになります。

「陰」はさらに「陰」と「陽」に分けられ、同様に「陽」も一段下がって「陰」「陽」に分割でき、以下どんどん細分化していきます。しかしどこまで細分化しても、△という同じ構造を見ることが

「太極」と「陰」と「陽」

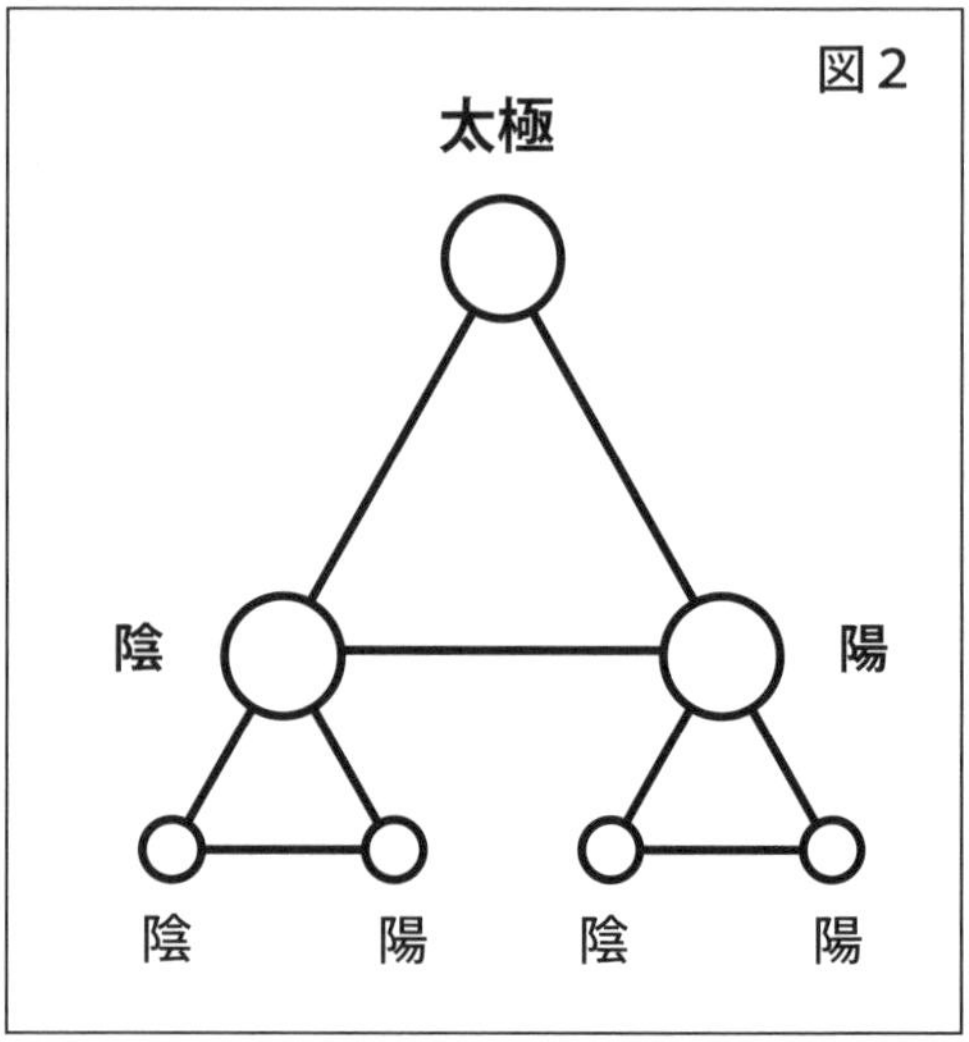

「YOGA」と「陰」と「陽」

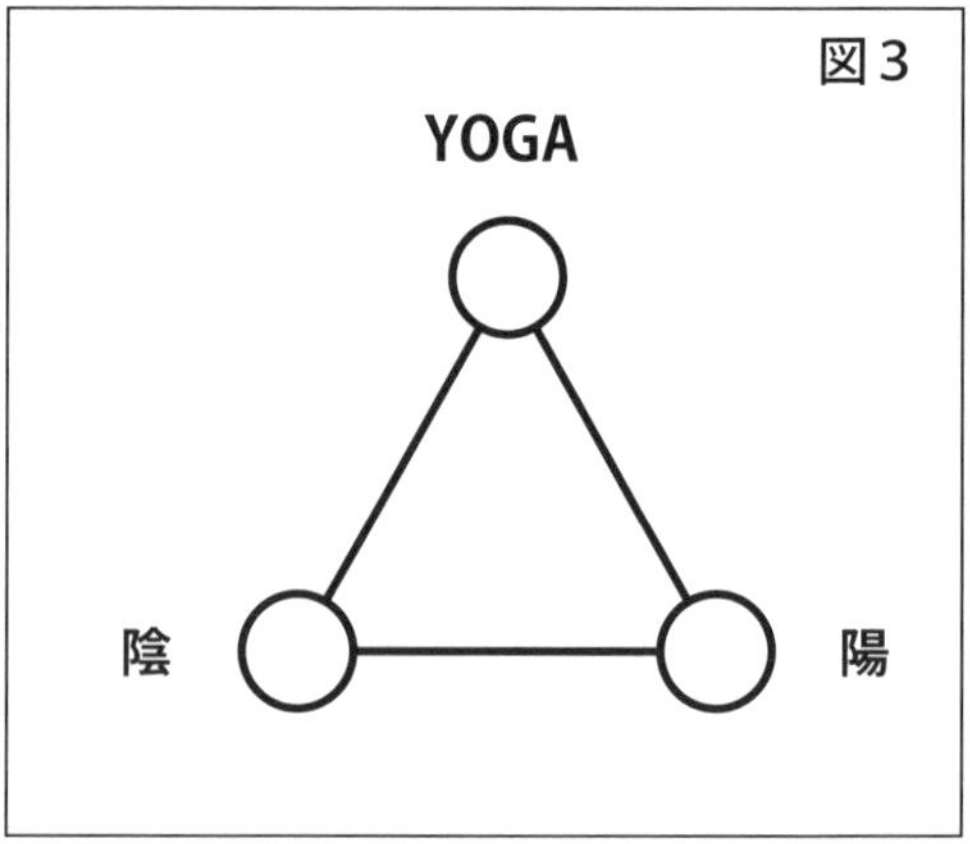

できます。

さらに「YOGA」という名称も「陰」と「陽」の調和（一体）という意味を持っていて、同様に△で理解することができます（図3）。心（陰）と体（陽）の調和とか、自己と宇宙の一体を意味します。

えー？　では、ヨガと気功は同じものでしょうか。もちろん全く違ったものではあります。しかし、「ヨガ」はインドの風土と文化の中で作られた気功であると言えます。「気功」は中国の風土と文化の中で作られた「ヨガ」であるとも言えます。実際に気功で「瑜伽派《ゆがは》」という流派も存在します。

スキーのヴォーゲン

志賀高原で初スキーを体験したときの著者。

私は、50歳にして初めて、雪山のゲレンデでスキーを体験しました。初日は大変でした。スキーの板を履いて雪面にしっかり立つことができなくて、あっという間に転んで、一緒に参加していた私の生徒に散々笑われました。普段、教室で自信をもって太極拳を教えている私の姿とは格段の差があったからでしょうね。

しかし、翌日にはインストラクターに個人指導を受け、しっかり立てるようになり、また、緩やかな傾斜のある雪面で、スキーの板を三角形にして立つと、滑らず立っていることができることを知りました。そして、板の角度を平行に近づけると、自然にスキーに乗った私は斜面を滑り降りることができるようになったのです。そしてまた、先端を狭めて三角形にするとスキーは止まりました。

このことに私はとても感動を覚えました。スキーを教えるインストラクターが皆「武術の達人ではないか」とさえ思えました。もちろん、そんなことはありません。インストラクターはスキーの板を脱げば、ただの普通の人になってしまうのです。

空手の洗礼

私がスキーを体験したちょうどその頃、当時、西新宿にあった私の太極拳教室に40代後半の空手の師範が太極拳を学びたいと入門されたのです。

「私は10代の頃から空手を修行していたのですが、50に手が届きそうになった最近は、道場の若い生徒たちに体力がついていけなくなりました。それで一度、ゆっくりできる太極拳を学んでみたくなったのです」とのことでした。逆に私は、以前から空手に興味があり「では、私に空手を教えてください」と、その先生の道場に入門することになりました。

初日に、「真北先生も試してみますか？」と、防具を付けての空手の試合を体験する機会を得ました。そのとき、私は20代の生徒と対戦しました。さて、その結果は、というと、向かい合った直後、その生徒の鋭い前蹴りをまともに受けて、5メートルほど、後ろに飛ばされてしまいました。それは私が最初に受けた空手の洗礼でした。

それ以降、私は2年間、週に1回、同じ道場で空手（ナイファンチ）を学びました。その当時は、若い生徒と一緒に巻き藁を突いて拳を鍛えました。その頃あった拳ダコは、今はなくなってしまいましたが……。

空手も太極拳も「武術」の山に登るための「道」を教えます。その最初の登り方は、全く矛盾した教えのように感じられます。しかし、登れば登るほど、同じ境地を目指していることが理解できてくるでしょう。

太極拳は「真綿に針を隠す」と表現されるように、本来、武術としての威力を秘めているのですが、「武術」としての攻防を理解しようとすると、回りくどく、なかなか核心をつかみづらいものです。

それに対して空手は、防御や攻撃などの技術がわかりやすく、数年も修行すればケンカで負けることがなくなるでしょう（しかし、二つ同時に学ぶことはお勧めできません。ある一定の理解に達するまでは、どちらかの道に専念することをお勧めします）。

三戦立ちの立ち方

図4

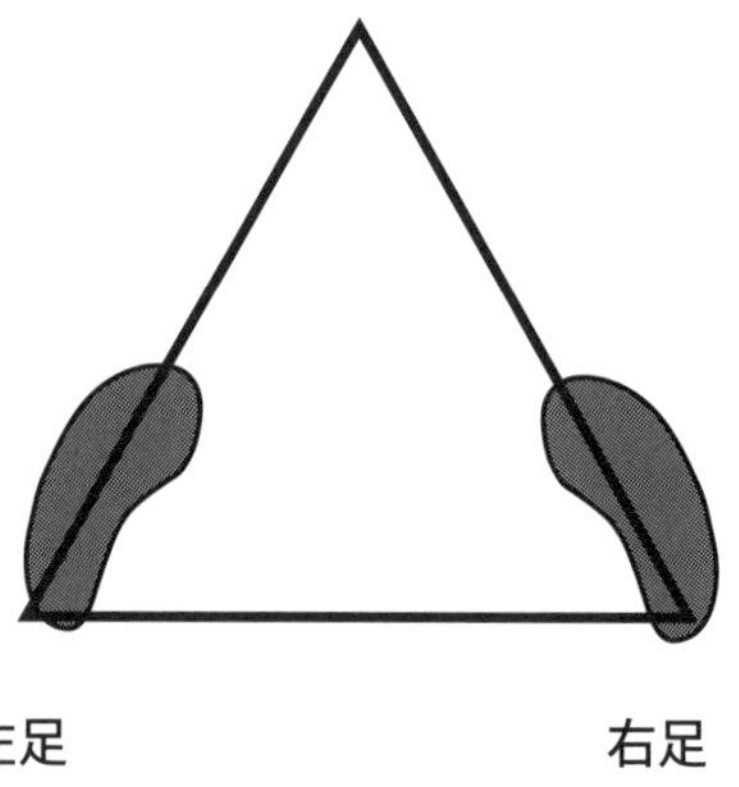

空手は、入門者に三戦《サンチン》立ちという歩形を教えます（図４）。足を内股に、三角形にして立つのです。

なぜ、このような立ち方をするのか。それは、実際に試してみるとわかるのですが、普通に平行に立つ立ち方に比べて、重心が下に下がり、前から胸を押されてもビクともしません。ただ足を三角形にするだけで、不思議ですね。

OTM実践法「虎のエクササイズ1」

虎は「外剛内柔」といわれます。それは熊が「外柔内剛」と呼ばれるのに対応しています。見るからに強そうな外見をしていますが、本来、虎はネコ科で、身のこなしはとてもしなやかなのです。私たちもそのしなやかな虎のように、このエクササイズを練習しましょう。

1. 足は肩幅の二倍に開きます（次頁写真1）。それからポンとかかとを蹴りだして、両足が三角形になるようにします（写真2）。この足型は空手では「三戦立ち」と呼びますが、太極拳では「扣歩《こうほ》」と呼びます。

2. 両手を下腹の前で重ね合わせ、合《ごう》にします。同時に口から「フー」と息を吐きだします（写真3）。

3. 息を吸いながら、両肘を中心に腕を外側に回し、Vの字になるようにします（写真4〜5）。

4. さらに息を吸いながら、今度は両腕を逆にひねりながら両肘を持ち上げます。両掌は「虎の手」（後で詳説）になります（写真6）。

虎のエクササイズ 1

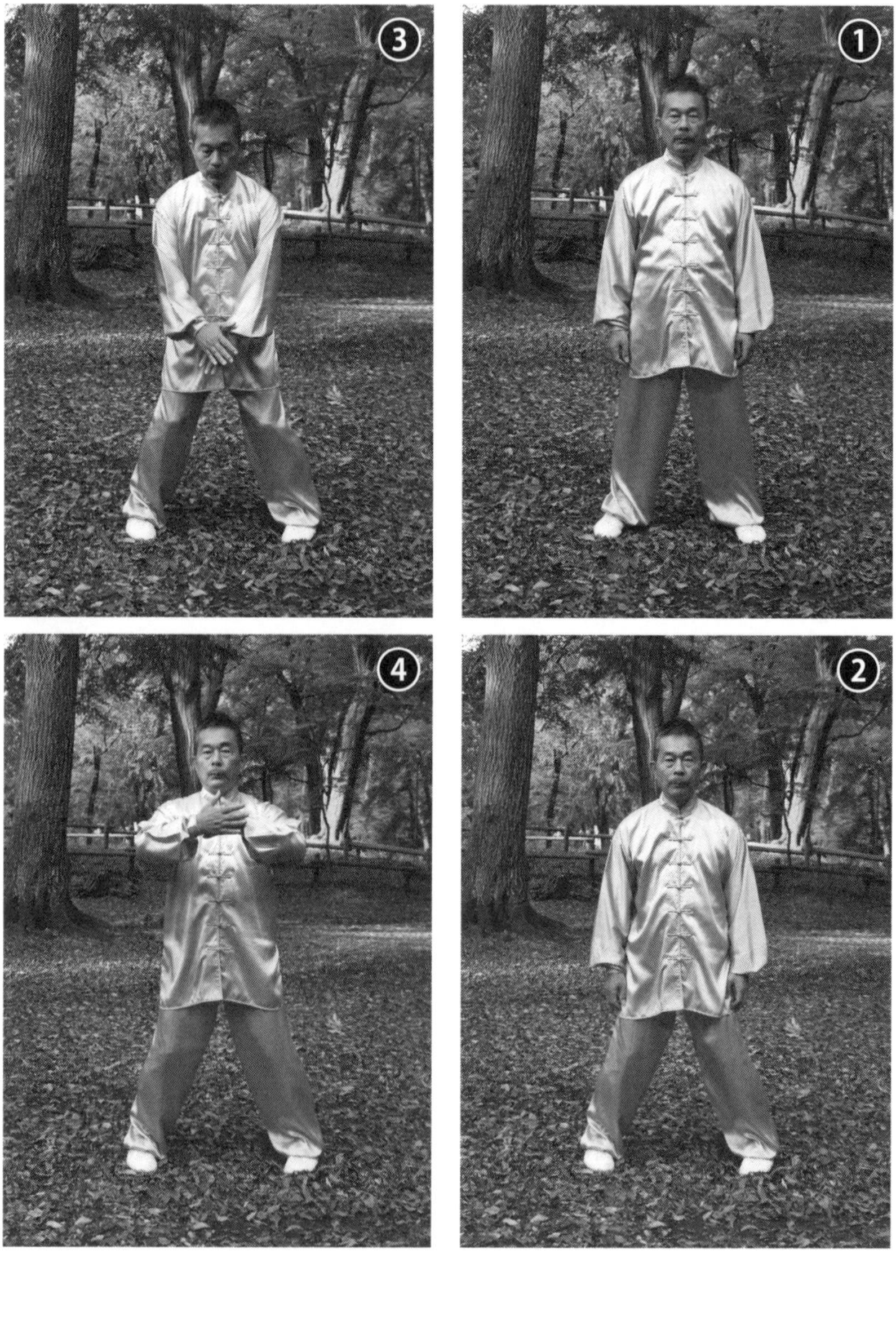

7

5

6

5．最後に、口から息を吐きながら、両腕を前方に突き出し形を決めます（写真7）。

6．2から5を1ラウンドとして、何度か繰り返しましょう。

ワンポイント・アドバイス

両手の指は、親指を引き、第三関節をほんの少し反らせるようにします。虎が口を開けたような、虎口《ここう》と呼ばれる手です。これが「虎の手」です（次頁イラスト）。空手の練習者は親指を曲げて「手刀」を作ります。瓦を割る試し割りなどでわかるように、とても強い手です。「虎の手」には「手刀」のように瓦を割るような使い方はできませんが、武術的な多様な技に使用することができます。

次頁イラスト「虎のエクササイズ1と△○□」で示したように、両手の動きは、まず両手を「合」にします。すると足の形も手の形も三角形になりますね。私はこの形を△と表現します。次に両肘を中心に両手をワイパーのように回します。このプロセスを○と表現します。最後に両腕を突き出し、敵を封じ込めるように形を決めます。これが□です。

1△、2○、3□、この順番は、まったくワンパターンの流れです。そしてこのパターンは様々に変化して、驚くほど多様な表現に変化するのです。

合気道の創始者、植芝盛平翁は「三角で入身《いりみ》し、丸く捌いて、四角に収める」と合気の極意を表

虎の手と手刀

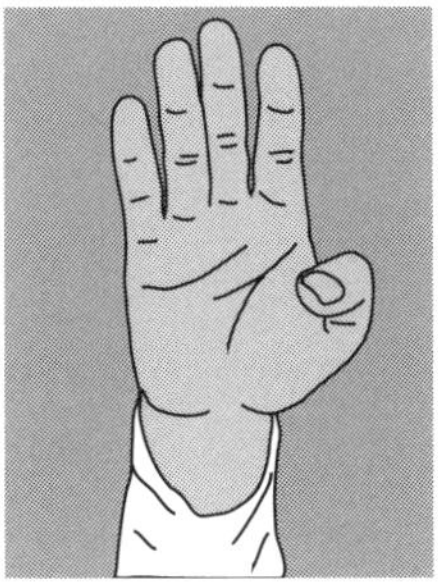

空手の手刀

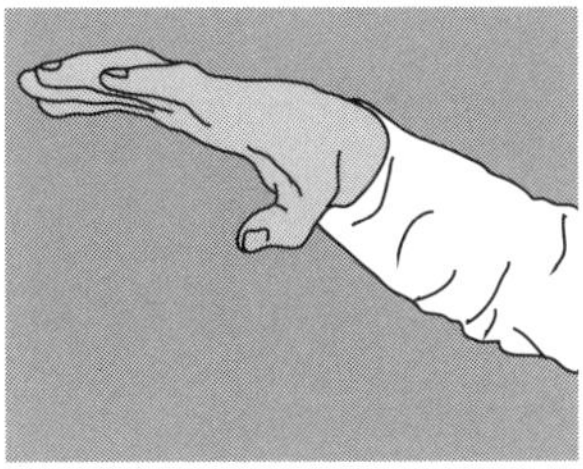

虎の手

虎のエクササイズ1と△○□

現されたと、私は若い頃に知りました。とはいえ、私は合気道の技に関してはこれまで特に学んだ経験もなく、全くの門外漢です。したがって、決して合気の極意と同じであると断定することはできません。ただ、私は40年間、太極拳を追求した結果、この△〇□という理解を持つに至りました。

武術的応用

1. Aは両手を下腹の前にして構えます。
2. BはAの両腕をつかみます（次頁写真1）。
3. Aは両腕をワイパーのように動かし、Bの両腕を払いV字型にします（写真2）。
4. 続いてAは両腕を逆に回しBにつかまれた腕を振りほどき（写真3～4）、
5. 深く腰を沈め、右足を一歩前に出し、両掌でBを突き飛ばします（写真5～6）。

虎のエクササイズ１の武術的応用

第7章

◉は宇宙法則

遠心力と求心力

バケツに水を入れて、取っ手を持ってグルグル振り回します。バケツが頭上に上がってバケツの底が上になった状態でも、中の水は落ちてくることはありません。それはなぜでしょうか？

そうです、それは、回転運動によって生じる「遠心力」で水はバケツの底に押しとどめられるため、水が振り回す人の頭上に落ちてくることはないのですね。

これはつまり「遠心力」と「求心力」の働きで、私たちの日常生活の中によく発見する常識的な現象です。高速で走っていた車が何かのはずみで急カーブすると、強く発生した遠心力に抗しきれず車が横転してしまう大事故が発生したりします。

⊙は宇宙

コンパスで〇（マル）を描けば、その中心には当然、中心点があります。ただの〇は無極、⊙は太極を意味します。⊙は〇と区別して「マルチョン」と呼びましょう。

⊙は宇宙

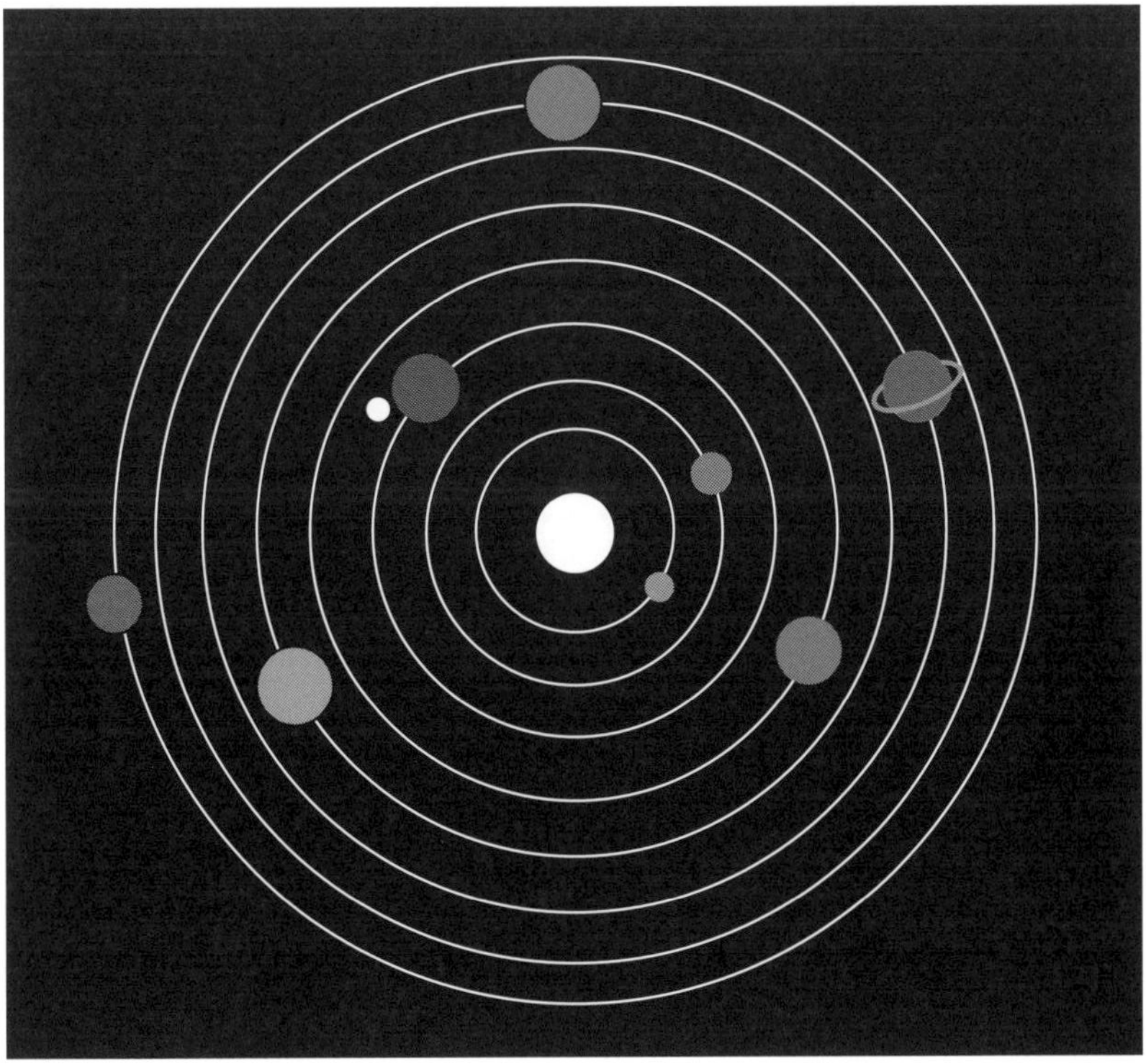

⦿は、広大な宇宙を観察するときに数多く見ることができます。⦿を太陽系に当てはめてみましょう。太陽はどこにあるでしょうか？

この「中心点」が太陽を意味します（漢字の「日」という字はこのマルチョンを意味しています。本来「一」ではなく「・」だったのでしょう）。「円周」は太陽の力（求心力）の影響力が及ぶ範囲を表します。つまり全太陽系なのです。シンプルに地球の周回軌道ととらえてもいいでしょう。

地球は太陽の周りを回ります。太陽は地球の１０９倍の直径を持ち、強い質量を生み出す「求心力」で地球をとらえて離しません。

地球は太陽の周囲を公転していますが、そうしなければ、太陽の引力に引き寄せられ飲み込まれてしまうからです。その回転する「遠心力」と「求心力」が拮抗して、地球は常に同じ軌道で太陽の周囲を回っているのです。

極小の原子の世界に目を向ければ、「原子核」と周囲をめぐる「電子」との関係です。電子君は陽子《ようこ》さんの周りを回ります。実は、電子君は浮気者で、あちこち自由に飛び回りたいのですが、陽子さんがそれを許しません。しっかり電子君の行動範囲をコントロールしているのです。

様々な武術は、その呼び名は異なっても、このシンプルな宇宙法則を、身体運動として体系化し、敵との攻防戦に応用している点では同じなのです。

八卦掌を体験する

八卦掌という武術は不思議な練習方法を持っています。初心者はひたすら円を描いて一本の木の周りを速足で回り続けるというものです。古い時代には、初心者はそれだけを来る日も来る日も何時間も練習したとのことです。

そうして毎日、毎日、何年も木の周りを回っていると、そのうち木が枯れてしまうのだそうです。本当にそんなことがあったのかどうかは定かではありませんが、私たち現代人には、なかなか真似のできない修行方法でしょう。

私は若いときに、1990年代の初め頃、当時、日本で雑誌などに紹介されて名前の知られていた上海出身の八卦掌のT老師から、そのような指導を受けたことがあります。

私たち三十数名ほどの志願者は、ある小学校の体育館に集合して、その老師から学ぶことになったのです。「皆さん、今日から八卦掌を指導していきます。では私についてきてください」と言うなり、準備運動もなく、老師は速足で広い体育館の中を回り始めました。私たちはそれについて同じように歩いていったのですが、どんなふうに歩くとかそういう説明も一切ないまま、25分間、ただひたすら走るように回り続けました。

右回りに10回回れば、次に逆回りに回り、まるでマラソン練習のようでした。T老師が走るように歩くスピードに、私は「負けるか」と必至でくっついていきました。

後ろからよく観察すると、老師の足法は独特なもので、スリッパを履いて、つま先から突き刺すように前に出すような足運びをしていました。後で知ったことですが、それが八卦掌独特の運足法なのでした。

25分ほど続けさせられて、「はい、休みましょう」と老師は休憩を皆に知らせました。参加者は一斉に座り込みましたが、「ダメです、座ってはいけません、立ったまま休みましょう」とのことで、仕方なく、私たちはそれに従いました。休憩は5分間でした。休憩が終わって、また老師は回り始め、結局、25分の練習を3回行い、その日の1時間半の練習が終わりました。

翌週に集まったのは私を入れて3名だけでした。その3名と老師で、この日も1時間半、体育館の中を黙々と速足で回り続けたのです。

そして、練習が終わると老師は、「皆さんお疲れ様、残念ですが、人数が足りなくなってしまい、今回の講習会は今日で中止にさせてください。お疲れ会をしましょう」と、酒場に行って、お酒を飲んで「皆さんはよく頑張りました、乾杯《カンペー》！」とあっけなく別れました。その後、講習会が再開された話は聞きませんでした。

T老師は果たして、本当に私たちに八卦掌を教えるつもりだったのかどうか、今となってはわかりません。もしかすると老師の教え方は、古くからの教えに従ったもので、私たち参加者がその水準になかったのかもしれません。しかし、当然ですが、そのような教え方で指導しても、今の日本では、生徒はすぐにいなくなってしまうでしょう。

扣歩と擺歩と手の開合

八卦掌の歩法に「扣歩《こうほ》」と「擺歩《はいほ》」があります。この歩法で円周をグルグル回って「勁力」を練っていきます。一般には大きな円周を回っていくわけですが、最小の回転にすると、次頁の図1のようになります。つまり、左回りをするときは左足が四角形を描くように、右足は円周を描くように出すのです。

OTM的に分析してみると、この二つの歩形は、手法に「開合」があるように、足で行う「開合」であると言えます。扣歩が「合」で擺歩が「開」です。合歩・開歩と呼んでもいいかもしれません。

それがわかれば、何も円周上を回る必要はなく、一方の足を動かさないで擺歩と扣歩を繰り返すこともでき、多様な変化が考えられるでしょう。歩法を考えるときは、このように「歩く」のではなく、片足を「軸足」として理解するとわかりやすいのです（図2）。

扣歩と擺歩

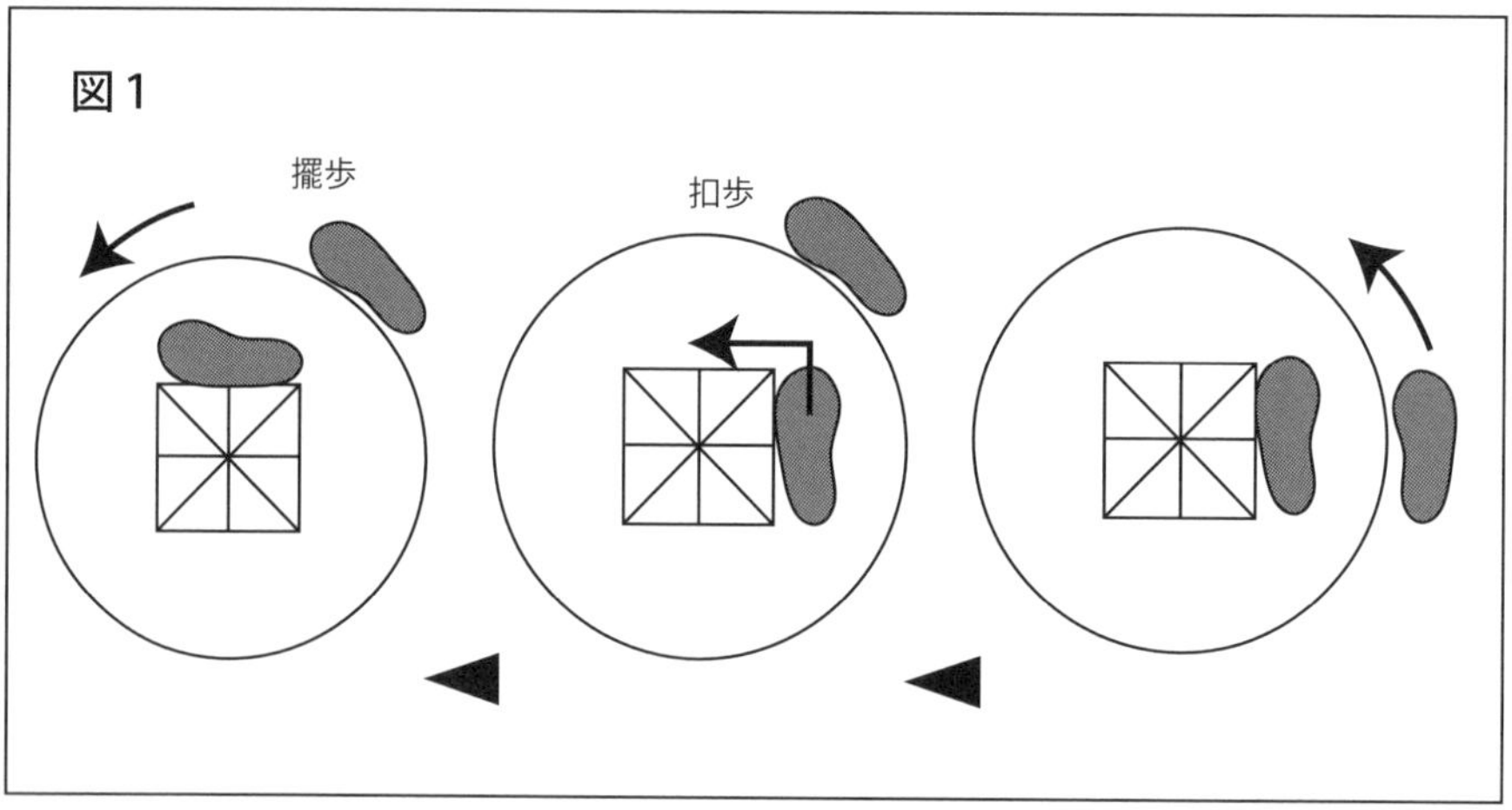

片足を軸足として理解する

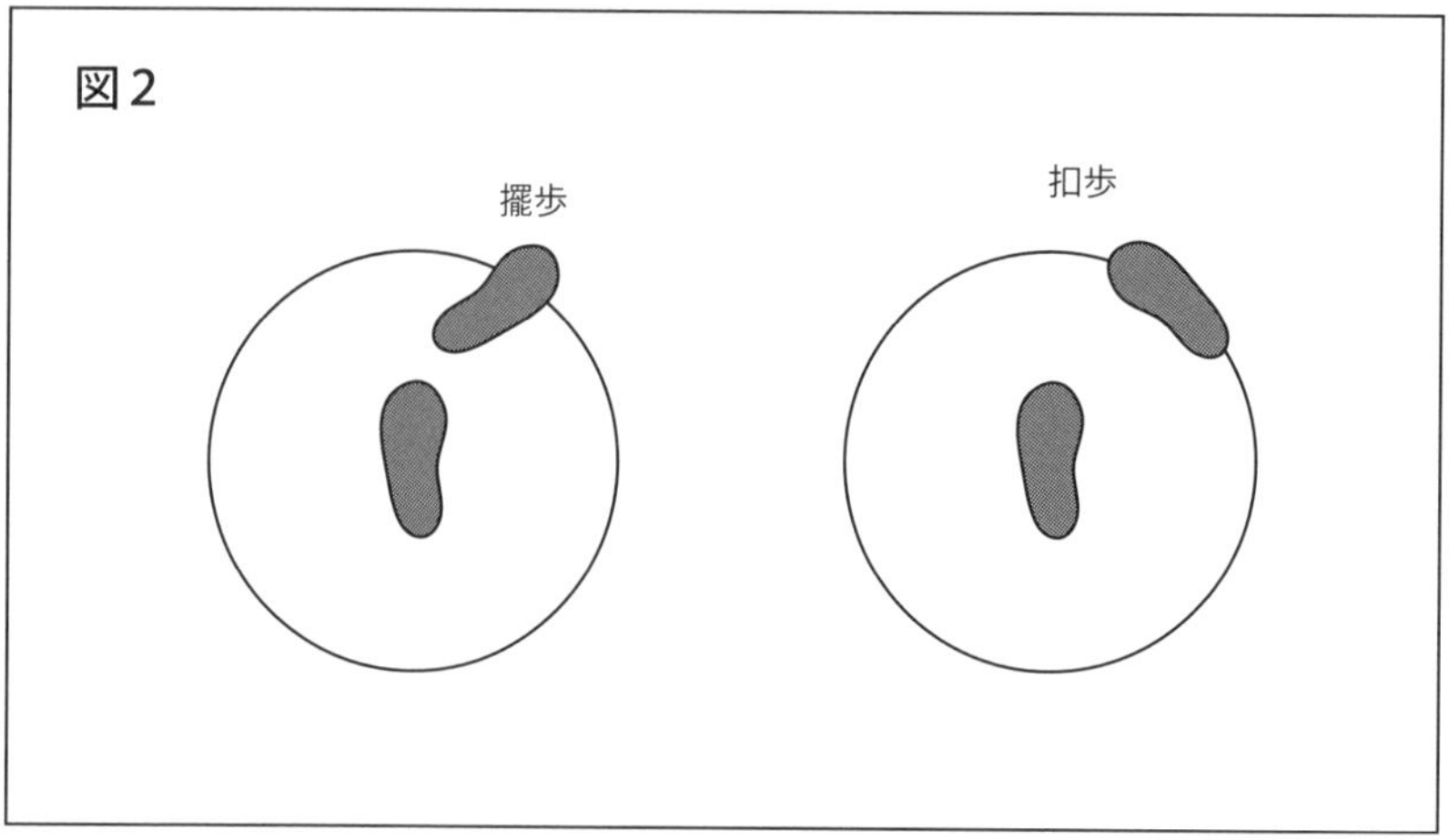

OTM実践法「鹿のエクササイズ2」

ＯＴＭの実践法はこれまで、「エア・ブランコ」「鶴1」「鹿1」「熊1・2」「虎1」と紹介してきましたが、今回は鹿の２の実践法です。ちょっと八卦掌の動作に似ていますね。

鹿は、疲れを知らない強い足を持ち、角を振り立てて強い敵に向かいます。この「鹿のエクササイズ２」では「擺歩と扣歩」を繰り返すしなやかな足の運びと、手の動作（纏絲勁《てんしけい》）をつなげる練習となります。両手は鹿の角と見立てます。まず両手の動作(纏絲勁の初歩)を練習してみましょう。

1．両掌が向かい合うように右手を右前方に伸ばし、上体をやや右に回し、左手は指先が右肘につくようにします（次頁写真1）。

2．その状態から、さらに上体を右に回し、左右の掌が上になるように両手を回します。これが順纏絲です（写真2）。

3．次に、上体をやや左に回し、掌が下になるように回します。これが逆纏絲です（写真3）。

鹿のエクササイズ2

4. 左右を逆にして同様に練習しましょう。

ワンポイント・アドバイス

武術の技を学ぶためには、「纏絲勁」を練習することは不可欠です。重要なことは両手の順逆を合わせることです。つまり、右手を順纏絲にするときは左手も同様に順纏絲にします。

ではこの手の動作を、足の運びに乗せて行いましょう。

1. 両足を肩幅に開いて立ちます。左右の足の裏に、足裏一足分を半径とする円をイメージしましょう。つまり、第2章で紹介した「ベサイカピシス」を描くのです（次頁図3）。

2. 体重を左足に乗せ、やや腰を沈めながら右足をつま先から一足分前に出します（図4）。同時に右手を前方に伸ばし、左手を右肘に合わせます（前頁写真4）。

3. 体重は左足に残し右足のかかとを回し（擺歩）、両手は順纏絲で弧を描き頭の高さまで上がります。顔は右手を見るように右に回します（図5・写真5）。

鹿のエクササイズ２の歩形

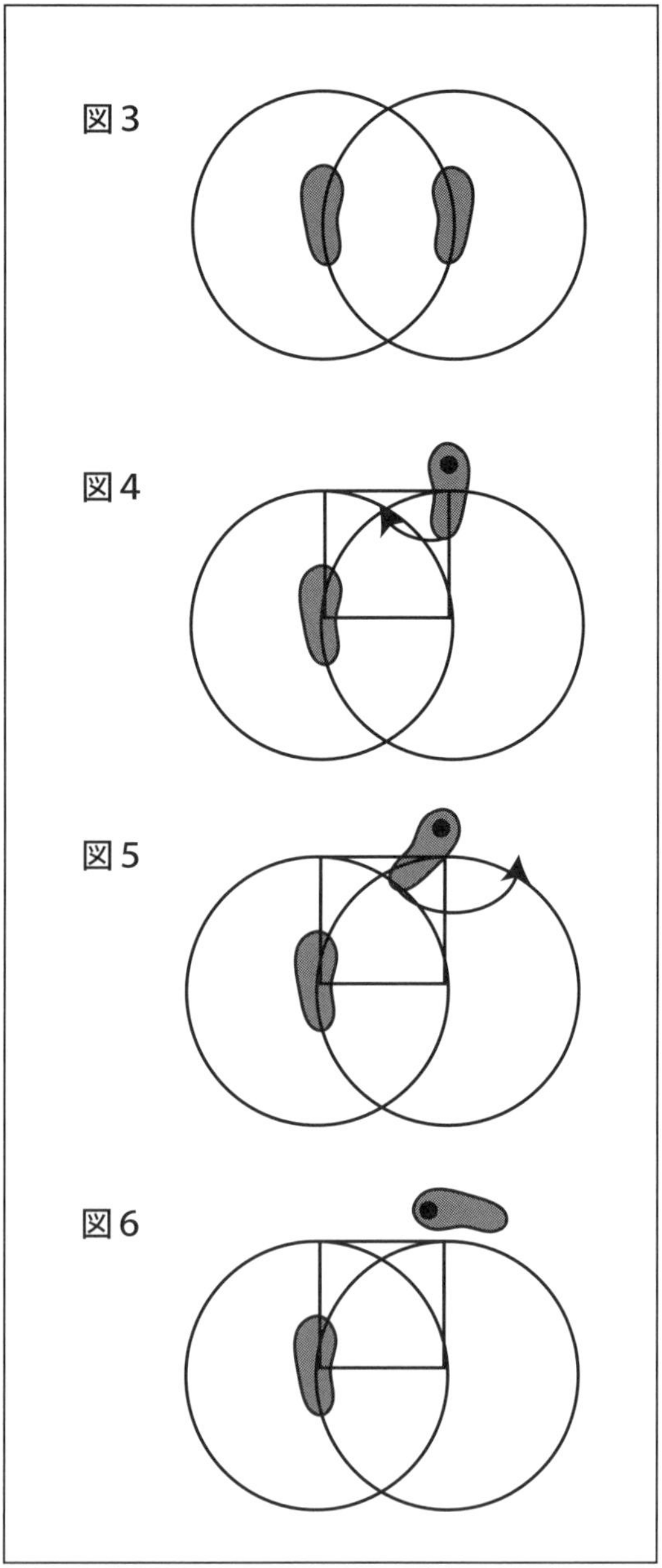

４．両手は逆纏絲で右肘を曲げ、弧を描いて沈めていき、図６のように右足を扣歩にします（図６・写真６）。

５．３と４を何度も繰り返し練習しましょう。

鹿のエクササイズ２の歩法

イラスト１

6．片方が終わったら、左右を替えて練習してみましょう。

武術的応用

1. Aの右手をBは右手でつかみます（次頁写真1）。

2. Aはつかまれた右手に左手を近づけ、上体を右に回しながら順纏絲で払います。同時にAは右足をBの左足のそばに差し込みます（写真2〜3）。

3. さらにAは左手でBの肘を押さえ、上体を左に回しながら右手は逆纏絲で弧を描いて、Bを左斜めに沈めます（写真4〜6）。

虎のエクササイズ２の武術的応用

第8章 武術の技は△○□

ナームとは

♪お手々のシワとシワを合わせてシアワセ、ナーム♪

こんなコマーシャルがありましたね。ナームというのは「南無」という漢字で表記されます。漢字は単なる音写にすぎず、特に意味はありません。「ナ」という音にサンスクリット語で「合わせる」という意味があります。あえて漢字を当てるとすると「拿」がふさわしいでしょう。

古い時代の合掌

イラスト1

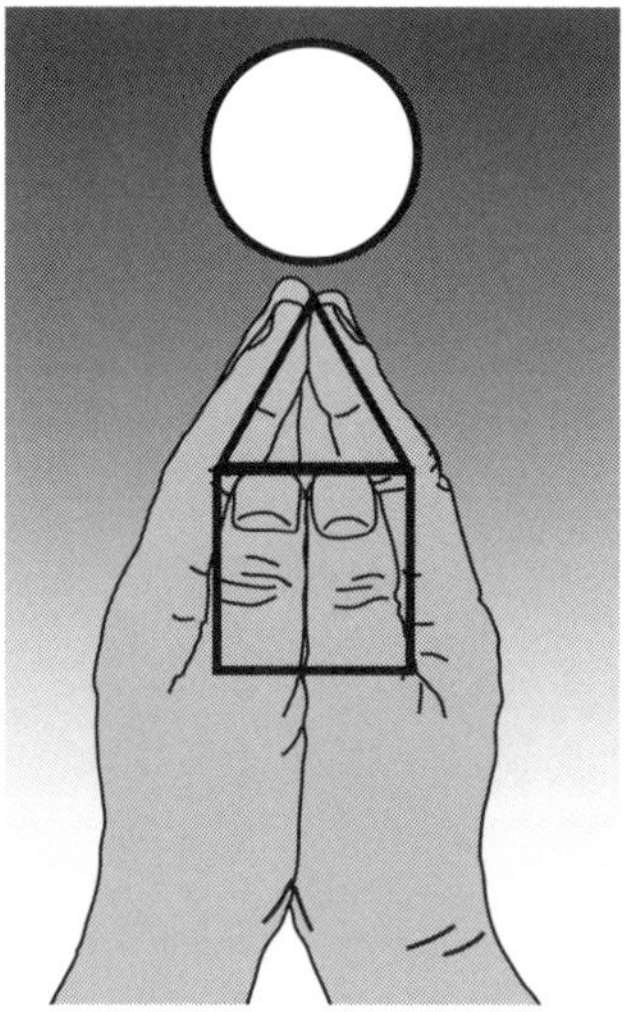

上掲のイラスト1は古い時代の合掌です。決してお手々のシワとシワを合わせているわけではなく、親指と親指を合わせ、人差し指の先を合わせて三角形と四角形を作っているのです。

「合」という漢字が△と□の図形を組み合わせて作られているのはお気づきですか？

植芝盛平と△○□

「三角で入身し、丸く捌いて、四角に収める」という言葉は、合気道の開祖、植芝盛平翁の遺した「合気」の極意を示す言葉です。私は、若い頃、この言葉を知り、頭の片隅に焼き付けられました。図形に関する研究（カバラ・古代文字など）は太極拳を学び始める前から行っていましたから、○や△□についての情報には耳聡いものがありました。

図形の研究と並行して、私は何人かの老師より太極拳を学びました。中川二三生老師から「簡化24式太極拳」を学び、太極拳の不思議な動作に心を奪われました。山口博永老師から「陳式太極拳新架式（陳家溝架）」を学び、武術としての太極拳に夢中になりました。兪棟梁老師からは「陳式太極拳新架式（上海架）」を学び、太極拳は「8」を描いているということを知り、私の頭と心の中はすっかり太極拳に占拠されてしまいました。

これまで出版した書籍で、太極拳は「起承転結（起承開合）」のパターンでできているということ、「ジー・リー・アン・ファンソン・ポン」というパターンでできていることなどを説明してきました。これらは全く別の理論ではなく、すべて、一つのパターン、「力の流れ」を別の言葉で表現したものです。

「力の流れ」は立体です。私たちは物事を「平面」的にとらえがちで、角度を変えた見方で「理解」を深めていくべきなのです。そしてこの理解は太極拳に限らず、武術に広く当てはめることができるようです。

○△□と△○□の違い

今回はそのパターンを「△○□」と表現して解説したいと思います。「えっ？　真北先生、あなたはこれまで『○△□』について説明してきたじゃないですか。今度は『△○□』に変わったのですか？」という質問が出てもおかしくありませんね。

○△□は天人地

図１

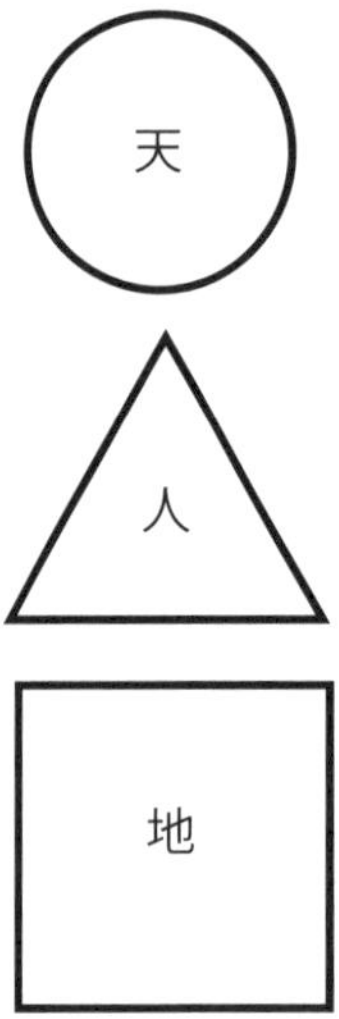

そう、順番が△が先になっているということですが、実はこれは大切なポイントです。つまり、○△□（図1）は「天人地」（第1～2章に詳説）を意味しています。それに対して△○□とは卒塔婆《そとば》（ストゥーパ）の火・水・地の順番（図2）なのです。二つの並びはどちらも正しいのです。

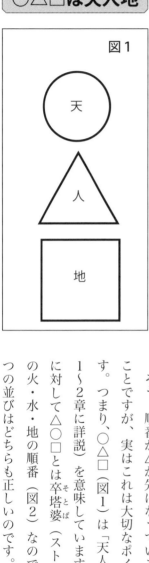

卒塔婆（ストゥーパ）は、地・水・火・風・空

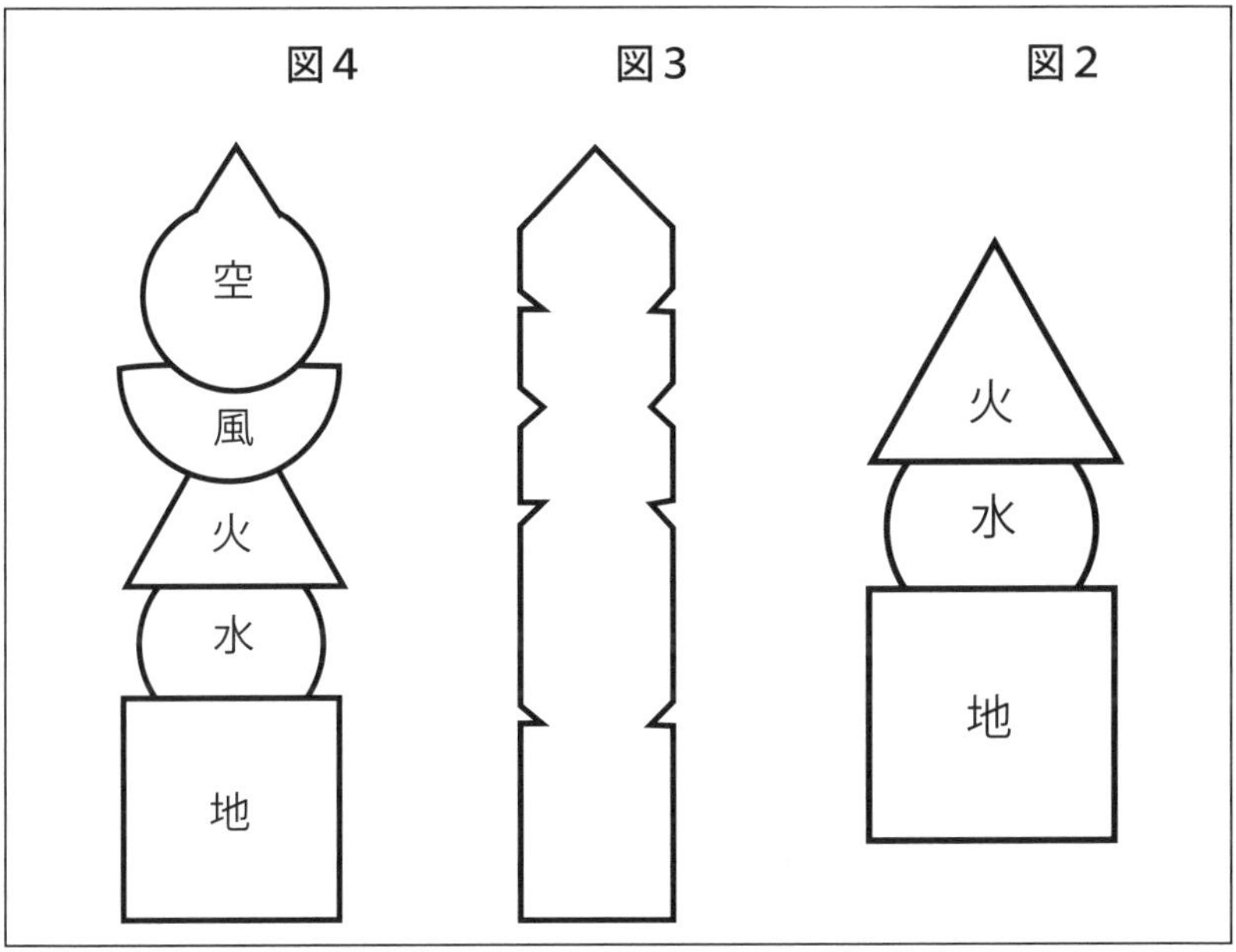

卒塔婆とは

お墓にひっそりと立てられている「卒塔婆」をご存知ですか？　図3のような形の木片です。卒塔婆といえば、お墓の前に花と線香を手向け、合掌するお婆さんの姿をイメージするかもしれませんが、別にお婆さんとは関係ありません。

卒塔婆とはサンスクリット語の「ストゥーパ」を漢字で表記したものです。ストゥーパとは、「仏塔」または「塔」のことで、「地・水・火・風・空」を意味しています。図4のように表現すれば、なんと○△□ではないですか！　そして○と△の間に半円が、△と□の間に○が挟まっています。□が地、○が水、△が火、半円が風、一番上

の○が空です。空は水の○と区別するために天辺がとんがった形です。ちょうど水玉の形です。

「気」が生命力

「地・水・火・風・空」という「五大（パンチャブーダ）」は多くのバラバラに見えるものをつなぐ法則です。地は「固体」、水は「液体」、火は「熱」、風は「空気」です。そして空とは、このような四つの物質の材料といえるものです。

ホツマ文字

図5

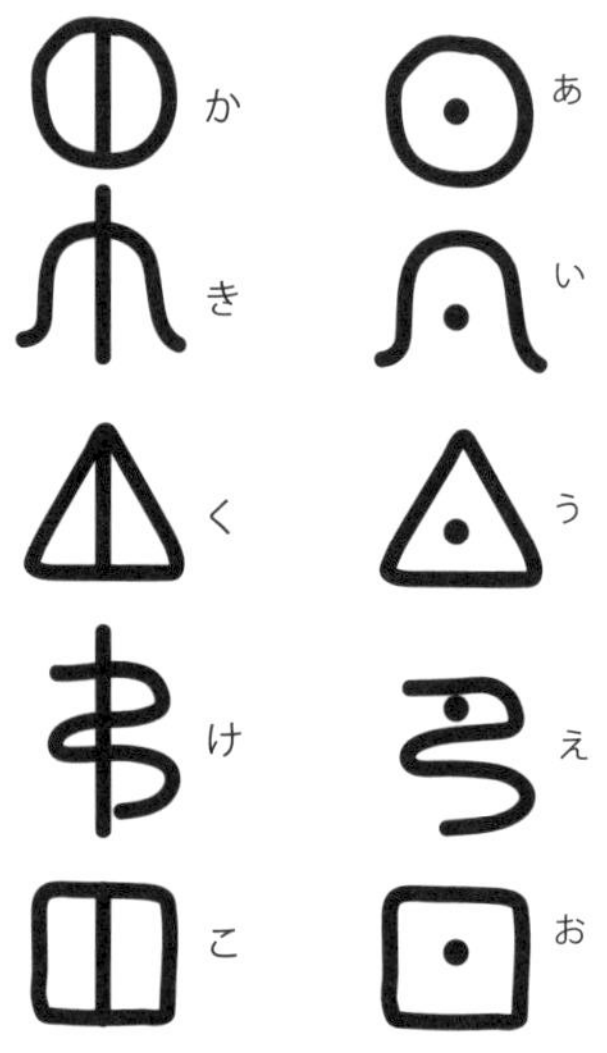

般若心経で「色即是空」と教えます。色（ルーパ）とは「地（個体）・水（液体）・火（酸化）・風（ガス）」をいいます。「空（シューニャ）」とは「空しい」と理解してはいけません。「空」は中国では「気（チ）」と呼ばれています。「私たちが目にする森羅万象（色）は空によって構成

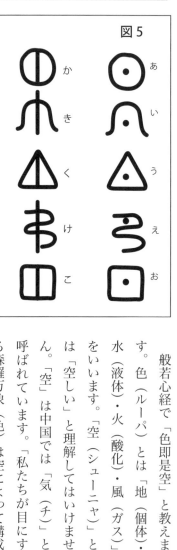

されている」という意味です。

この五種類の図形の中心にそれぞれ点を打つと、なんとそれは「あいうえお」と読むことができます。縦線を入れると「かきくけこ」となります。それは古代の日本で使われていたホツマ文字（図5）であるということです。古い時代を理解するKEY《キー》がストゥーパであるといえるでしょう。

OTM実践法「虎のエクササイズ2」

第6章で「虎のエクササイズ1」を紹介しました。このエクササイズはシンプルに△○□のパターンを練習しましたね。今回の「虎のエクササイズ2」は、△○□の動作に足の運びを加えて練習するものです（次頁イラスト2）。足の運びは「扣歩《こうほ》」と「擺歩《はいほ》」を交互に繰り返して行います。

虎のエクササイズ2の△○□

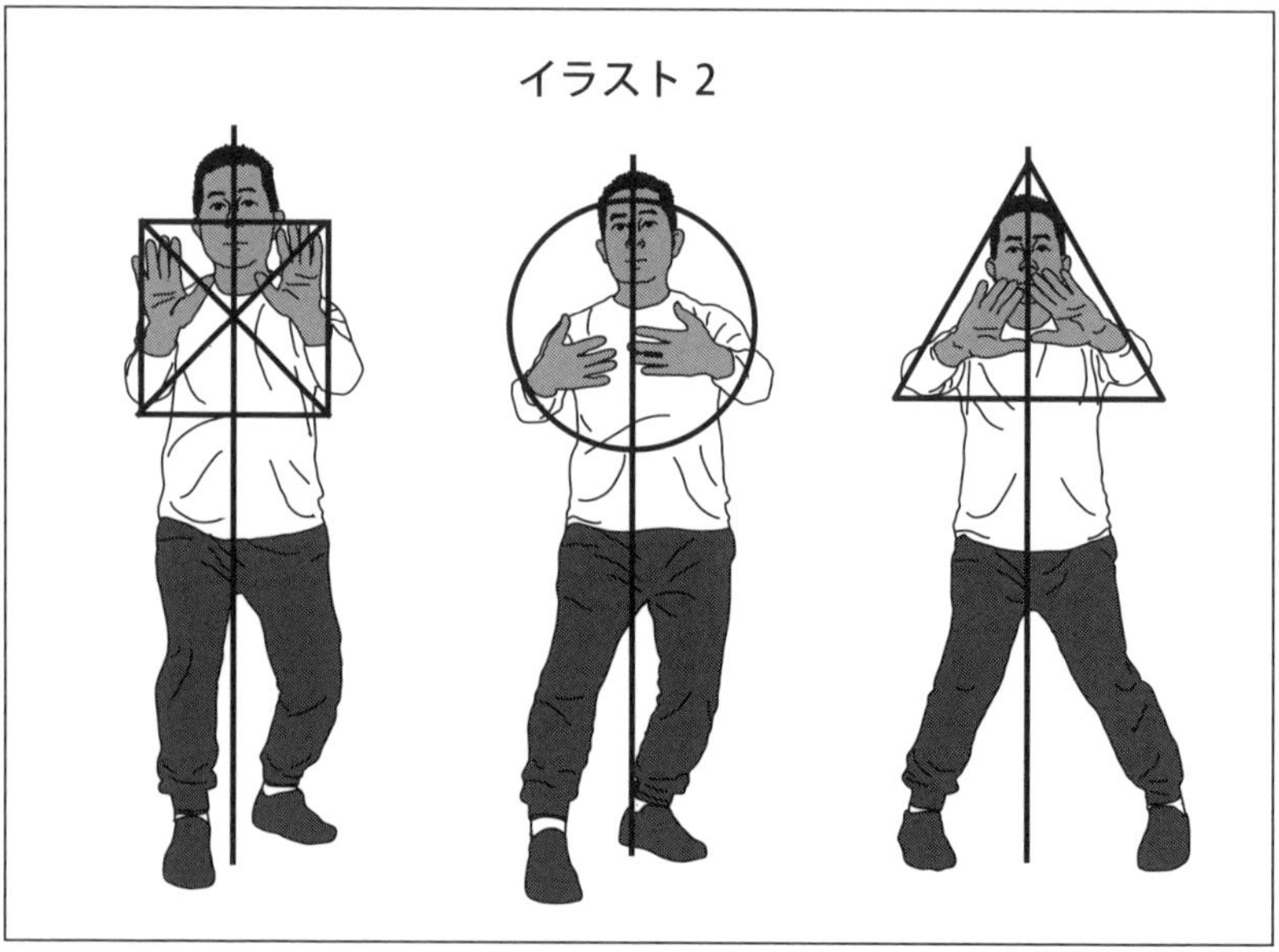

〈足の運び（扣歩と擺歩）練習〉

1．まず足幅（約30センチ）を半径にした円を描きます。その円から半径分右にずらして、同じ大きさでもう一個の円を描きます。そうです、ベサイカピシス（第2章に詳説）を描きます。それから、その円の中心にそれぞれの足を乗せます（次頁図6）。正面は南とします。

2．最初は右足を軸として、左足を左の円の円周に45度の角度で乗せます。この歩形は「扣歩」です（図7）。

3．その左足に体重を乗せ、右足を左足の内側に引き寄せます。最初はややつま先が地面に着くようにして（右虚歩、図8）、慣れてきたら左足は浮かせて「擺歩」にします。

虎のエクササイズ2の歩形

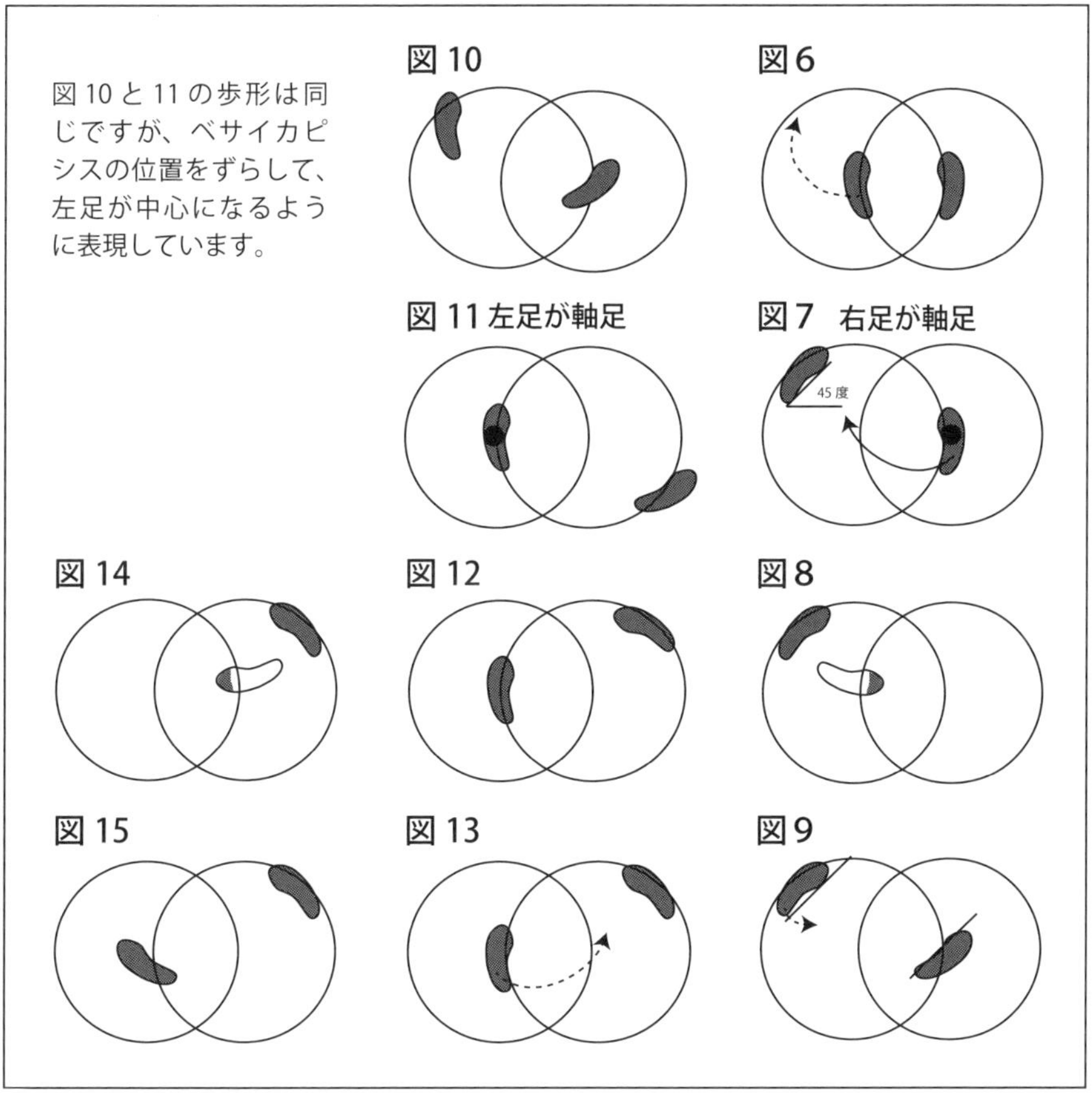

図10と11の歩形は同じですが、ベサイカピシスの位置をずらして、左足が中心になるように表現しています。

4. 右足を西に向かってつま先はやや内側にして踏み出します。右足の内側と左足の内側の線が平行になるようにします（図9）。

5. 左足先を南に踏み変えます。今度はこの左足が軸足になります（図10～11）。

6. 左右を入れ替えて、2～4の動作を行います（図12～15）。

ワンポイント・アドバイス

不思議な体重移動ですね。右足を軸にして上体をクルッと右に回し、左足体重になります。また左足を軸に体を回して右足体重になります。この体重移動と両手の〇《まる》い動作をつなげます。

さあ、ではこの歩形に両腕の動作を加え、「虎のエクササイズ２」を練習していきましょう。

〈虎のエクササイズ2〉

1. 足は肩幅に開きます（次頁写真1、前頁図6）。
2. 右足に体重を乗せ、左足を扣歩で出します。同時に両手を三角にし、口から「フー」と息を吐きだします（写真2、図7）。
3. 左足に体重を乗せ、右足を虚歩で引き寄せます。大きく息を吸いながら、両腕は球をなでるように回し「陰の腕」になり上体を西に向けます（写真3～4、図8）。

虎のエクササイズ 2

4．さらに息を吸いながら、今度は両腕を逆にひねり両掌は「陽の腕」になります（写真5）。

5．最後に口から息を吐きながら両腕を前方に突き出し形を決めます（写真6、図9）。

6．左足を踏み変え正面に向け、左右を逆にして2から5までを繰り返し（図10〜15）、それを一ラウンドとして何度か繰り返しましょう。

ワンポイント・アドバイス

世界中の様々な武術にはそれぞれ、「呼吸法」が教えられています。それはなぜなのか。深い呼吸を繰り返すことによって、「気」を充電し、全身をエネルギッシュにする効果があるからです。呼吸は特に学ばなくても、誰でもオギャーと生まれてから死ぬまで、し続けるものです。呼吸は一般には酸素を吸って全身の細胞に供給し、不要な二酸化炭素を排出するプロセスであると理解されています。

もちろんそれは基本的で絶対不可欠なことですが、「武術的」に呼吸法を実践する意味は、「吸う吐く」を繰り返すことで、肺の非呼吸機能を活性化するためであるといえます。

肺には呼吸以外にも、「全身の筋肉」を活性化する働きのあることが知られるようになってきました。肺胞が活発に働くことで、プロスタグランジンI_2というホルモンが分泌されるといいます。それは天然のドーパミン（筋肉増強剤）なのです。

この「虎のエクササイズ2」では、「逆腹式呼吸」を用いて行います。逆腹式呼吸とは、息を吸い込むときにお腹をへこませ、胸を膨らませ、息を吐くときに横隔膜を引き下げ、お腹が膨れるようにする呼吸法のことです。

武術的応用

1. Bは右手でAの左手をつかみます（次頁写真1）。
2. Aは両手で△《さんかく》を作ります。同時に左足をBの両足の間に差し込みます（写真2）（これが「入身する」と表現される動作で、すでに敵を制する準備ができている）。
3. 続いてAは左足に体重を乗せ、両手を○《まる》く回し、上体を南西に向けます（写真3～5）（これが「捌く」と表現されるところ）。

虎のエクササイズ２の武術的応用

3．さらに両手を突き出して、Bを押し飛ばします（写真6）（これが「収める」と表現されるところ）。

第9章

五指と五芒星

五芒星

手には五本の指があります。親指はお父さん指、人差し指はお母さん指、中指はお兄さん、薬指はお姉さん、そして小指は赤ちゃん。五本の指は親密な家族です。

「5」はサンスクリット語では「パンチャ」、「パンチャブーダ」というと「五大（五元素）」、地・水・火・風・空のことです。第8章でストゥーパ（卒塔婆《そとば》）について学びましたね。

Pentaも「5」という意味のギリシャ語です。ペンタグラムは五芒星《ごぼうせい》（前頁の章扉図）、ペンタゴンというとアメリカ国防省です。漢字では「汎」と表記し、全てという意味です。そう、パン・アメリカンの「パン」です。古くは「5（パン）」が「全て」を意味していたのです。

古い時代には色も七色ではなく五色でした。赤・青・黄色の三原色に黒と白を加えた五色です。この五色は「五行（※註❶参照）」に対応しています。木が青、火が赤、土が黄色、そして金が白、水が黒です。

音階も七音階ではなく、ドレミソラの五音階でした。それを「ヨナ（4・7）抜き」と呼びます。ドから数えて四番目のファと七番目のシを抜いた五音です。

5は「男性」という意味もあります。「ペントハウス」と言えば「男性誌」ですね。「ペニンシュラ」と言えば陸地から突き出ている「半島」のことです。昭和の頃に「ペンタックス、ペンタックス、望遠だよ」というコマーシャルがありましたね。

五角形というと陰陽道で使用される「星型」が思い浮かびますが、三角形と四角形の結合した形も古代から伝わる五角形です。五角形は人体に当てはめれば、「五体」です。五体は両手足と胴体で、頭は含みません。頭はヘキサグラム「六芒星」です。

※註❶：「五大」と「五行」は全く異なる体系である。「五大」は地・水・火・風・空と「縦並び」の関係でとらえる理論。それに対して「五行」は、木・火・土・金・水という五種類の「横並び（円環）」の関係をとらえる理論である。

「五行の図」と五指

135頁図Aは「陰陽五行の図」です。この図は古い教えを理解するための「暗号表」といえるものです。また、現代もこの陰陽五行を基準に回っているのです。身近には私たちのスケジュール帳に、すでにそれがありますよ。

日・月・火・水・木・金・土という七つの曜日、それは太陽と月、火星、水星、木星、金星、土星です。「陰陽」が太陽と月、「五行」が木・火・土・金・水でしょう。

あなたの身近な漢方のお店をのぞいてみてください。お店の中に必ず一枚、壁にこの図が貼られているはずです。別に薬を買う必要はありません。図を「見るだけ」でいいのです。

この図は武術を追求する私たちに、とても重要な意味を持っています。図をよく見ると、大きな○が五等分され、小さな○が並べられ、その中にそれぞれに、木・火・土・金・水と文字が書かれています。

さらに詳しく見ると、一番上の○の横に「肝・胆」という文字が書かれているでしょう。肝とは肝臓のことで、胆とは胆のうを意味します。

一般の医学では肝臓と胆のうは別の臓器ですが、この図は、肝臓と胆のうは切っても切れない関係であるということを示しています。「肝胆相照らす」という諺は、「心の底までわかり合える親しい関係」という意味ですね。これが「陰陽の関係」です。

同様に心臓に対して小腸、脾臓には胃、肺に大腸、そして腎臓と膀胱が陰陽の関係にあることを表しています。これが五行の関係で、そしてこのような五臓が五本の指に対応しているのです。

左手のそれぞれの指をこの図に当てて、その関係を理解してみましょう。小指を「腎」に当ててみます。すると、薬指は「肝」に、中指は「心」に、人差し指は「脾」に、親指は「肺」にそれぞれ対応しています（右手に当てはめるためには右手を裏返す必要があります）。このように五指は五行にぴったり対応しています。

この図が教えるところによると、親指と小指はつながっていて、五指は円環しているのです。武

陰陽五行の図

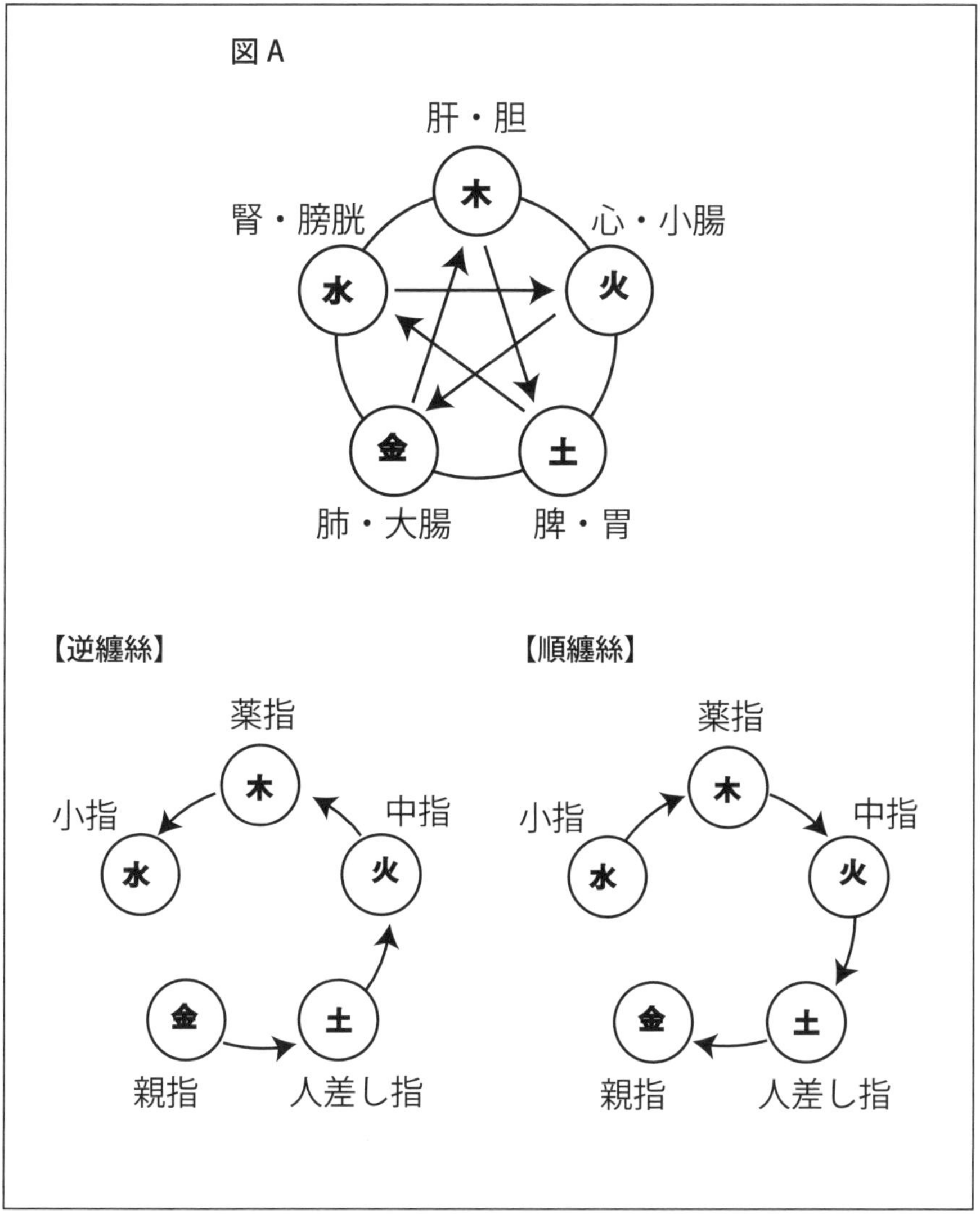
図A
肝・胆
木
腎・膀胱
心・小腸
水
火
金
土
肺・大腸
脾・胃
【逆纏絲】
【順纏絲】
薬指
木
小指
中指
水
火
金
土
親指
人差し指
薬指
木
小指
中指
水
火
金
土
親指
人差し指

術の「勁力」を理解するためには、この円環する手の指についての理解が不可欠です。

纏絲勁が五行

陳式太極拳では「纏絲勁《てんしけい》」という、両手を回転させて作る勁力について教えられています。実は他の流派の太極拳の動作の中にも同様の手のひねりがあるのですが、そう呼ばないか、わかりづらく小さくなって隠れています。また、この技術は空手やその他の多くの武術で教えられています。大きくとらえると纏絲勁は、①順纏絲（次頁イラスト1～4）、②逆纏絲（イラスト4～7）、この二種類があるだけです。

順纏絲

まずイラスト1のように掌を前方に向けます。この形のとき、小指に注意を向けてください。次にゆっくり指を回していくと、小指、薬指、中指、人差し指、親指と両手を回すことができます。すると掌が上に向きましたね。順纏絲は小指が手の回転を先導し掌が上を向きます。この回転が「順纏絲」です。

纏絲勁

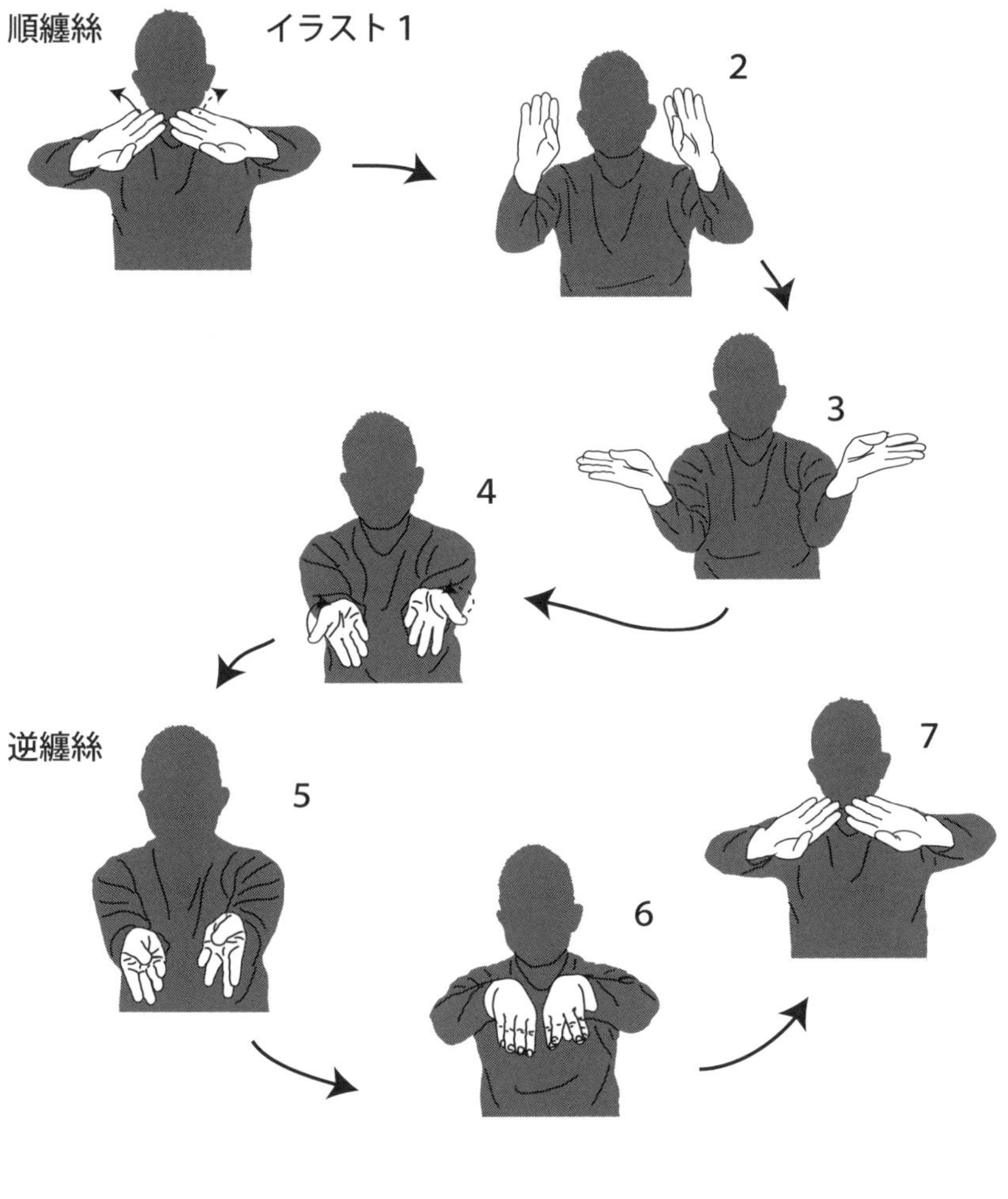

逆纏絲

次に、親指を根元から絞って母指球が丸く膨らむように立てていきます。それから手首を親指、人差し指、中指、薬指、小指と回していきます。この回転が「逆纏絲」です。逆纏絲は親指が手の回転を先導します。

瓦龍掌と鉤手

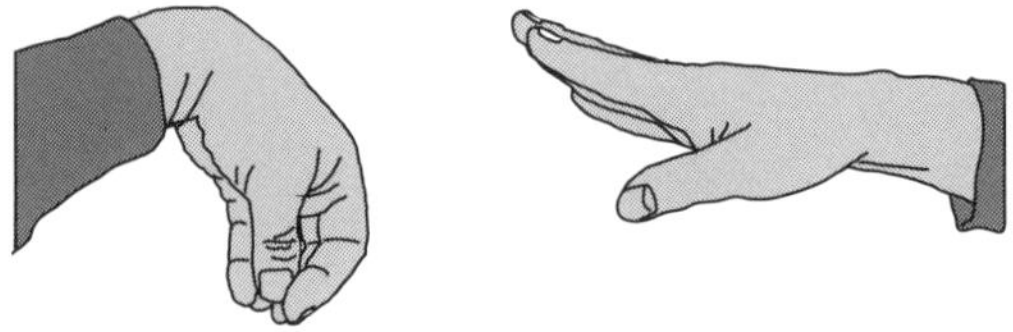

瓦龍掌

この纏絲勁を効果的に用いるために、陳式太極拳（新架式）では「瓦龍掌（反った瓦のような掌）」という独特な手形を教えられます（上掲イラスト8）。「武術的な力強さ」を考えると意味のないように見えるこの瓦龍掌を、私は師匠（兪棟梁）からしつこいくらい、うるさく教えられました。

こうして指を反らせることによって指先から体幹に向かってさらに足先まで「勁力」を通すことができ、纏絲勁が生き、しなやかな張りを持った、力まない「力強さ」を身につけることができるのです。

鉤手

親指を中心に残りの指をすぼめて付けます（イラスト9）。親指はお父さん指、お父さんを中心に家族がまとまると覚えてください。……そう、これは古い家族で、今ではお父さんは隅に追いやられ、お母さんが中心かもしれませんが……。

OTMと五禽戯

OTM実践法でこれまで紹介した各動物は、中国の伝統気功の「五禽戯」に基づいており、五行に対応しています。鹿は木、猿は火、熊は土、虎は金、鳥（鶴）は水です（ただし、この五行の対応は絶対ではなく、幾種かの異なる対応も教えられています）。また形意拳や五行拳といった各種流派に五禽と五行の理論が採用されています。

さて、「猿のエクササイズ1」は「纏絲勁」を使って「順歩」と「逆歩」を練習していきます（次頁イラスト10・11）。順歩とは右足を出すときに右手が前に出て、左足を出すときは左足が出る歩き方のことです。ナンバ歩きという昔の歩き方がこのような「順歩」歩きであると教えられます。

猿のエクササイズ１の順歩と逆歩

イラスト10

イラスト11

私たちが普段歩くときには右足を出すときは自然に左手が前に振られ、左足を出すときには右手が振られ前に出ます。「猿のエクササイズ１」では、歩かないで定位置でこの順歩逆歩を練習します。

OTM実践法「猿のエクササイズ1」

1．まず、地面に一本直線を引きます。その直線に左足のかかとを30度の角度でつけ、右足の親指の先も同様に30度でつけて立ちます（143頁図1）。両手は両肘をやや曲げ、両掌が腹部に軽くつくようにします（次頁写真1）。

2．上体をややのけ反らせながら、左手を順纏絲で頭の左側に持ち上げます。右手も腹部の位置で同様に順纏絲にします（写真2）。

3．上体をやや前傾させながら左手を逆纏絲で左後頭部に引き、同時に右手を逆纏絲で右前方に突き出します（写真3～4／4'は横から）。写真2の体勢に戻ります（写真5～6）。

4．2と3の動作を何度も繰り返します。

5．左右を逆にしてこの動作を練習しましょう。

ワンポイント・アドバイス

〈その1〉

「猿のエクササイズ1」で用いる歩形（143頁図1）は、あまりなじみがないかもしれません。一般には図2のように立つことが多いのですが、図1の歩形を用いて練習しましょう。些細なこと

猿のエクササイズ１

猿のエクササイズ1の足の位置

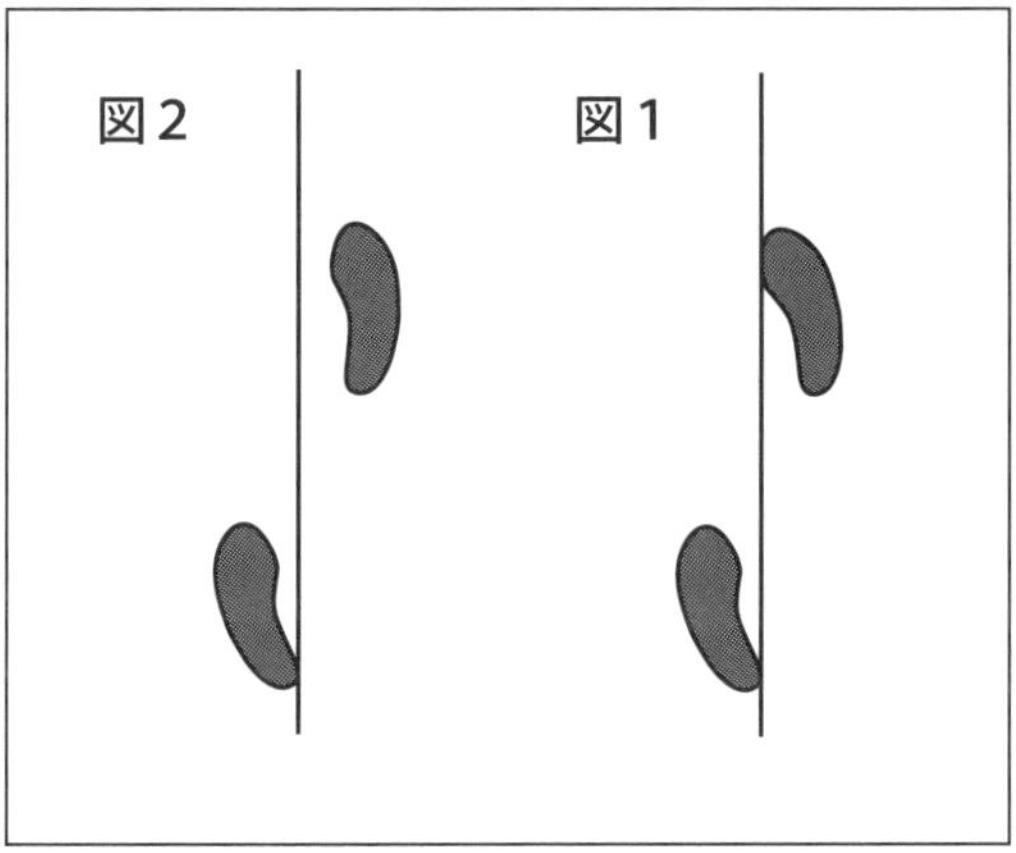

のように思えますが、二つを試してみてください。違いは歴然としています。

〈その2〉

また、このエクササイズには、上体をのけ反らせたり前傾させたりする動作が繰り返されます。この動作は「エア・ブランコ（第1章で紹介）」のエクササイズを参考にしてください。

〈その3〉

纏絲勁は左手を順纏絲にするときは右手も同様

に順纏絲にします。左手が逆纏絲のときは右手も逆纏絲になります。

武術的応用

1. Aは南を向いて立ちます。
2. Bは左足を前に踏み出し、右拳でAの顔面に殴りかかります。
3. Aはその拳を左手の順纏絲で受けます。同時に右足を浮かせます（次頁写真1～3）。
4. Aは左手を逆纏絲にしながらBの右腕を後ろに引き、右肘でBの首を押さえて南西の方角に沈めます（写真4～6）。

猿のエクササイズ１の武術的応用

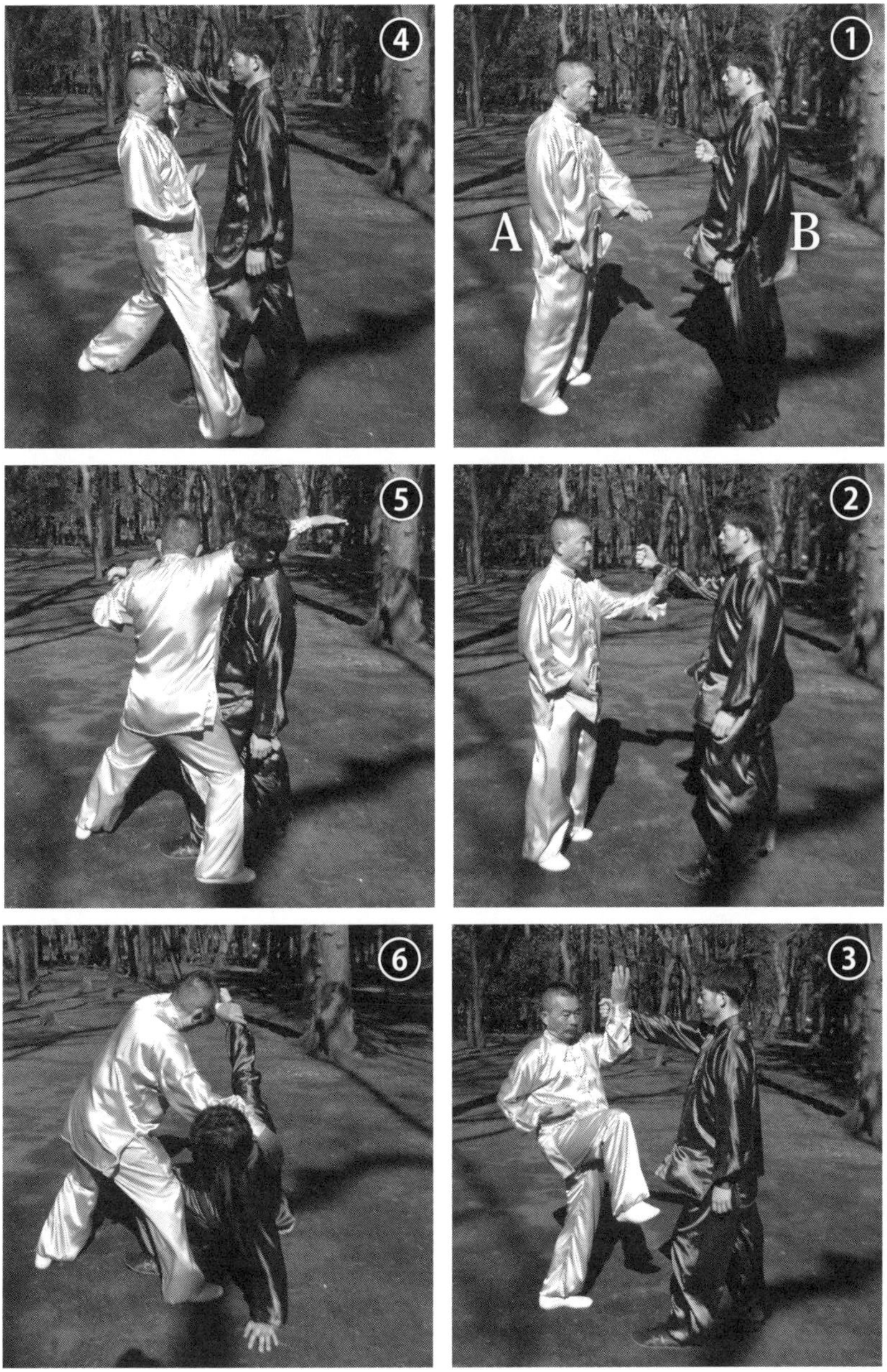

第10章 六芒星と五芒星

鉛筆は○△□

鉛筆は、最近はボールペンやシャープペンなど、他の筆記用具に活躍の場を奪われて、見る機会が少なくなってしまいましたが、鉛筆のデザインはまさに○△□なんですよ。

鉛筆の形の中にある「天と地」

図1

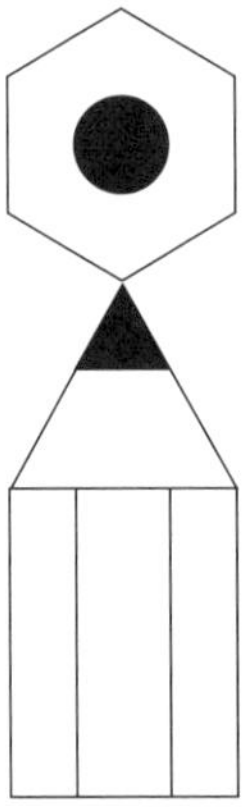

平面図

立面図

鉛筆の形は、真上から見ると六角形に、横から見ると五角形に見えるようにデザインされています。天と地を表現しており､これは「宇宙図」といえます。

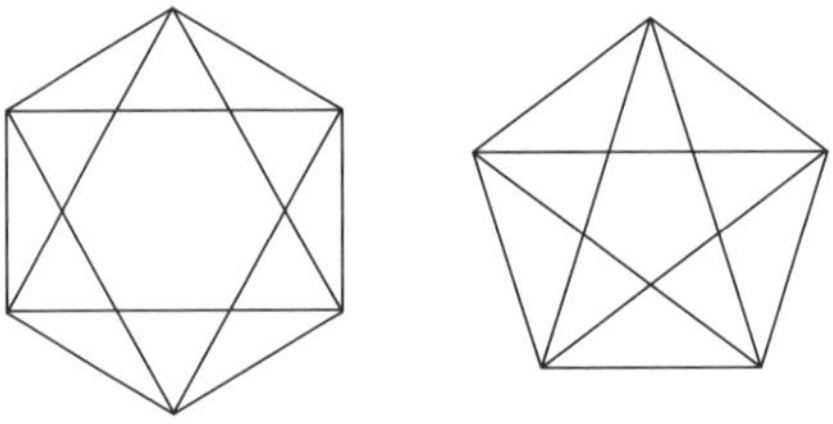

天　　地

六芒星（ヘキサグラム）は天を意味し、五芒星（ペンタグラム）は地を意味しています。

サッカーボールは、黒い五角形の周りを白い六角形が取り巻いているようにデザインされています。やはり、天地を表現した宇宙図です。

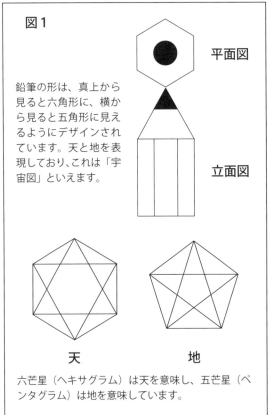

鉛筆を平面図と、立面図で見てみれば、立面図では頭の部分が三角形で、胴体が長方形です。三角形と四角形が合わさった五角形です。

平面図は、図1のように六角形をしています。六角形は正三角形と逆三角形が合わさった形と理解することができます。そしてその中心に、鉛筆の芯を表す丸が描かれます。立面図で見ると鉛筆の芯はしっかり尖って三角形です。

鉛筆の胴体部分は六角形の形をしているので、十二本がケースの中にぴったり納まるようになっています。六角形は「天」を表し、三角形と四角形の結合の五角形は「地」を意味します。鉛筆のデザインが宇宙を表現しているのです。一体、こんなデザインの筆記用具を誰が作り出したのでしょうか？

六芒星と五芒星

お父さんは、かわいい子供の誕生日に、高価な26色入りの水彩絵の具をプレゼントしました。子供は大喜びで、早速その絵の具で絵を描こうとしましたが、パレットに、どの絵の具を乗せようかと迷ってしまいます……。

五行（五芒星）の五色

図2

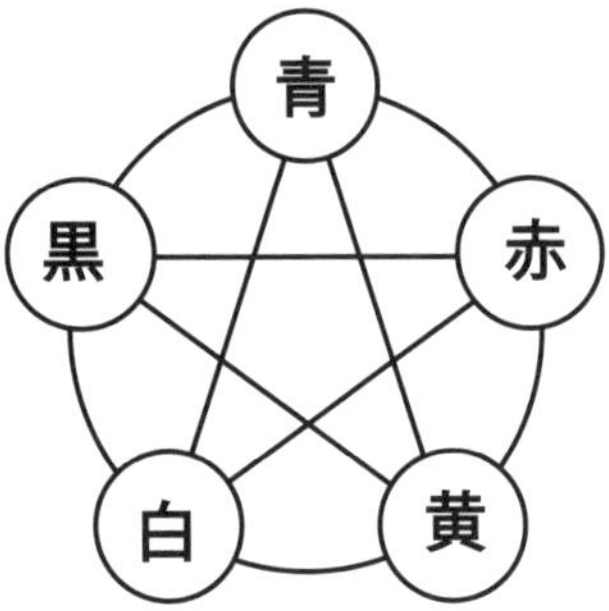

子供の色彩感覚を育てるためには、本当はそんないっぱいの絵の具を与えるべきではありません。赤・青・黄色の三原色と、白・黒の計五色（図2、五色は五行に対応しています）あれば十分なのです。

赤い絵の具と黄色い絵の具を混ぜ合わせれば、オレンジ色になります。青い絵の具に黄色い絵の具を混ぜれば緑色ができます。こうして絵の具を混色することを学んでいけば、子供は色彩能力を発達させることができます。これは「五芒星の地の理解」です。

このことは色の理解に限らず、武術でもいえます。形を多く学べば上達できるのか、といえば、混乱してしまう恐れがあります。多く学ぶのは考えものです。単純な動作の意味を理解していくべきです。

色の陰陽

私たちの目は、赤、青、黄色としっかりと色を見分けることができますね。そうでなければ、街で歩道橋を渡るときにトラブルが起きてしまいます。信号が赤のときは「待て！」、黄色で「注意」、そして青で「渡れ」が常識ですね。ええ？　それは子供の常識で、青と黄色は「渡れ」で「赤は注意して渡れ」、これが大人の常識ですって？……

六芒星の六色

補色の法則　図3

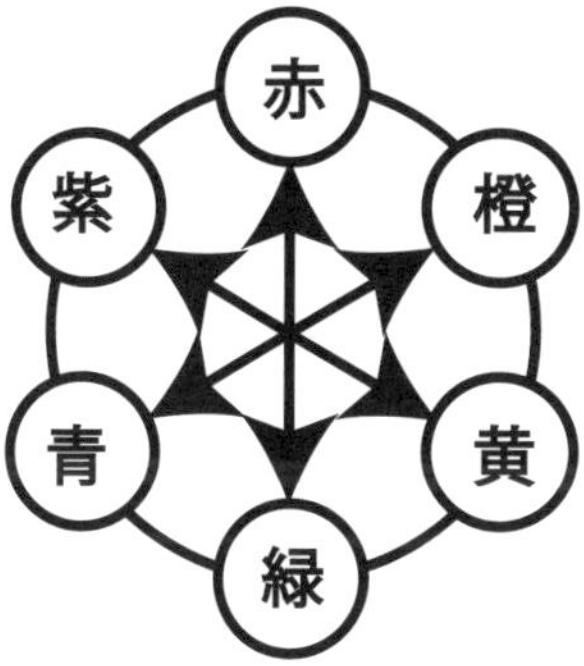

私たちは日常、素早く色を見るときには確かに赤は赤く、青は青く見えるのですが、じっと一つの色を凝視していると、次第に色の知覚が薄れてくることはご存知ですか？

実際に試してみましょう。白い紙にコンパスで直径3センチくらいの円を描いて、その円を赤く塗りましょう。そして、その赤い円を視線を動かさず、じっと凝視するのです。瞬きはできるだけしないようにします。30秒間見ていると、さあ、赤い色面は赤いままでしょうか？

そう、次第に赤い色の上に薄い膜がかかって色あせていくのではないでしょうか。地の白い面も白ではなく、グレーになってくるでしょう。また、輪郭線がチカチカしてきます。30秒経ったら視線を10センチほどずらして、紙の地の白いはずの部分に移します。すると、白い紙に薄い青緑色の円が見えてきませんか？　そうです、それは補色の色が幻覚のように見えてくるのです。

三原色にはそれぞれ補色の色があります。それを図で表すと、前頁図3のようになります。これが「六芒星の天の理解」です。

じっと動かないで立つ

私たちの視覚は正しく物を見ているわけではなく、このようにしばしば「錯覚」を見ているのです。黒い髪の毛を凝視していると、頭の周りに「白または金色のオーラ」を見ることができます。よく、「私はオーラが見える」と自慢する人がいますが、オーラは物を凝視すれば誰でも見ることができるのです。

しかし、世の中はめまぐるしく変化していき、目移りがして、一つのものをじっと見つめること

鶴のエクササイズ２の球

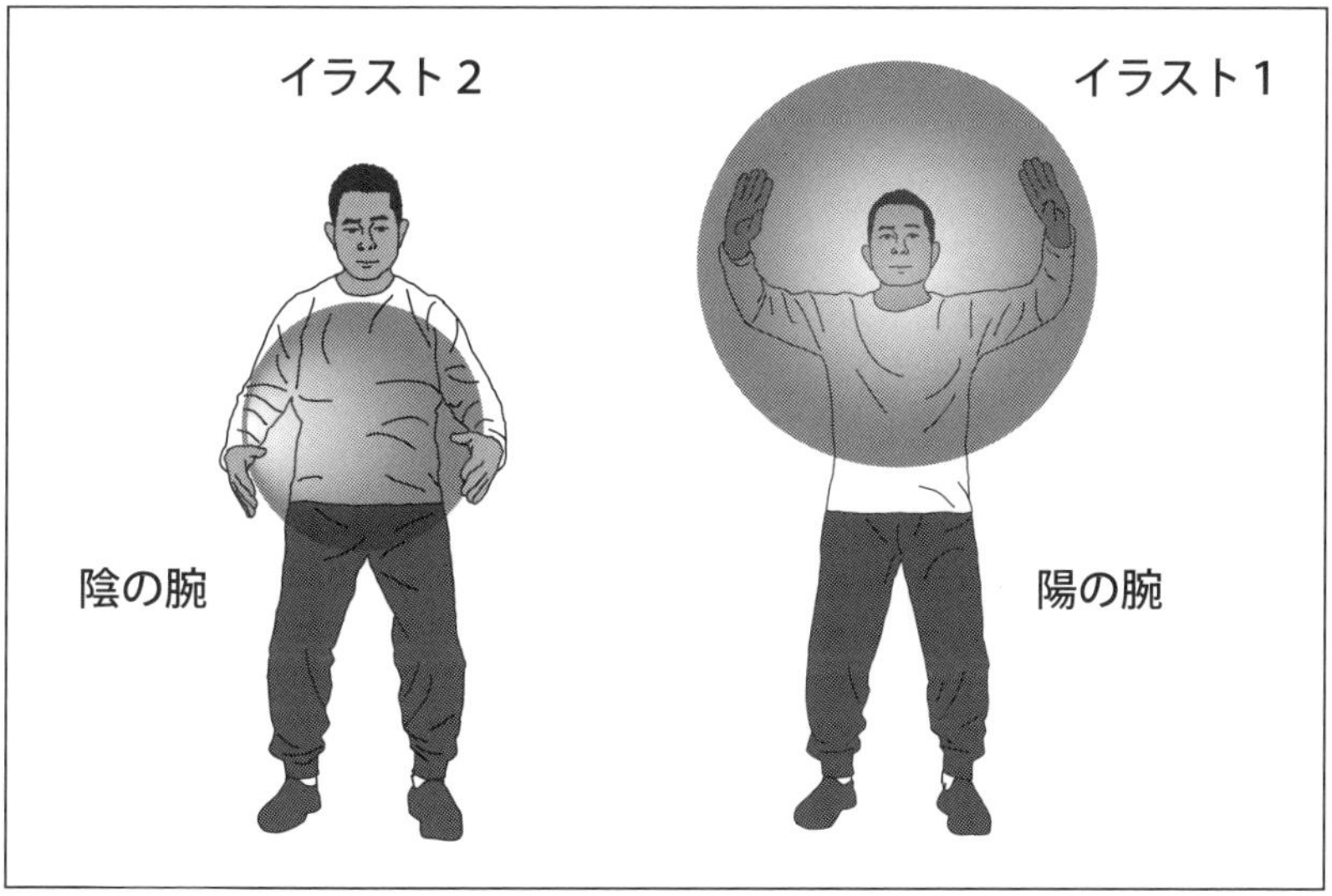

がありません。

目は動かさないでいると、本来の視覚能力が失われていく一方で、動かさないでいると「目覚める」感覚もあります。それが「触覚」です。

立つか座るかして、両手は球を抱えるようにして、その状態のまま、動かないでいます（イラスト２）。すると、普段は気づくことのない感覚に気づいてくるのです。さあ試してみてください。両手の指先にピリピリするような、膨らんだような、何らかの感覚が生じることに気づくでしょう。

これは錯覚ではありません。これが「気」の感覚です。「触覚」は本来五感のうちの一感覚ですが、動作を止めているうちに、普段は隠れていた働きが目覚めるのです。「站椿功」で一定時間じっと動かないで立つ練習は、そのために行うのです。

人体の陰陽と五指

手の五本の指が五行に対応していることは、前章でお話ししましたね(図4)。その理解に続けて、さらに、手の五本の指が陸上競技のトラックのようにつながっていることを理解していきましょう。

小指が最も外側のレーンで、親指が最も内側のレーンになります。重要な理解は、小指は体の背面につながり、親指は体の前面につながっているということです（次頁イラスト3）。

さて、では体の前面と背面はどちらが「陰」で、どちらが「陽」でしょうか？　ハイ、それはもちろん、体の前面が表ですから、「陽」で、背面は裏で、「陰」だと思いますよね。いいえ、それは「ブー」です。正解は体の前面は「陰」、背面は「陽」なのです。

犬や猫など四つ足の動物を考えればわかりますね。背中側が日に当たる面で「陽」、お腹は

陰陽五行

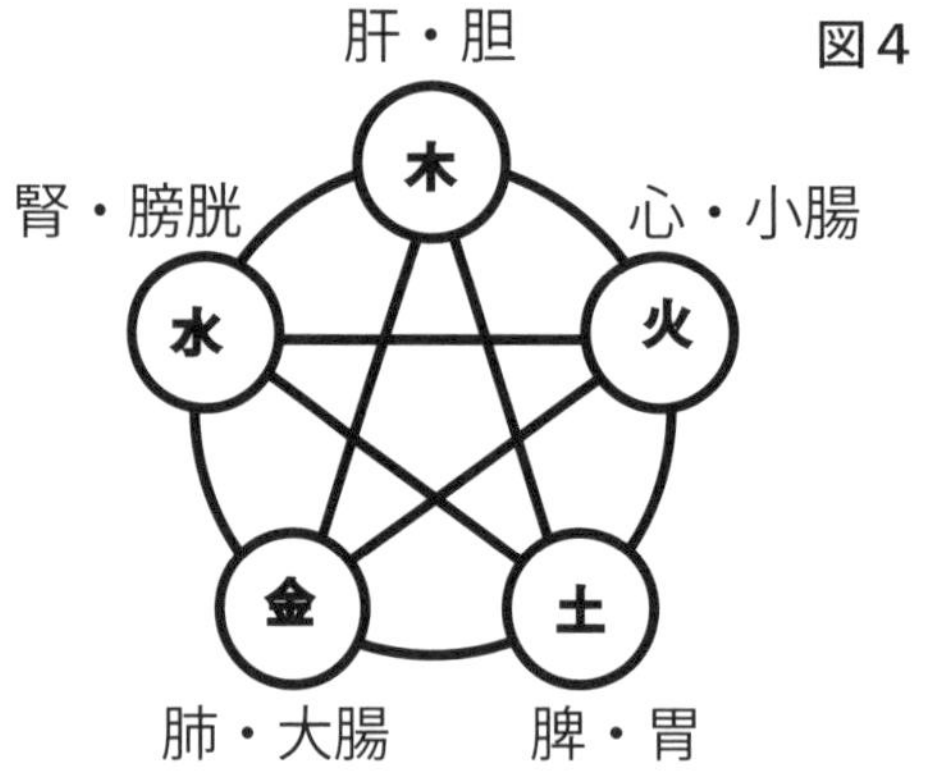

五指のレーン

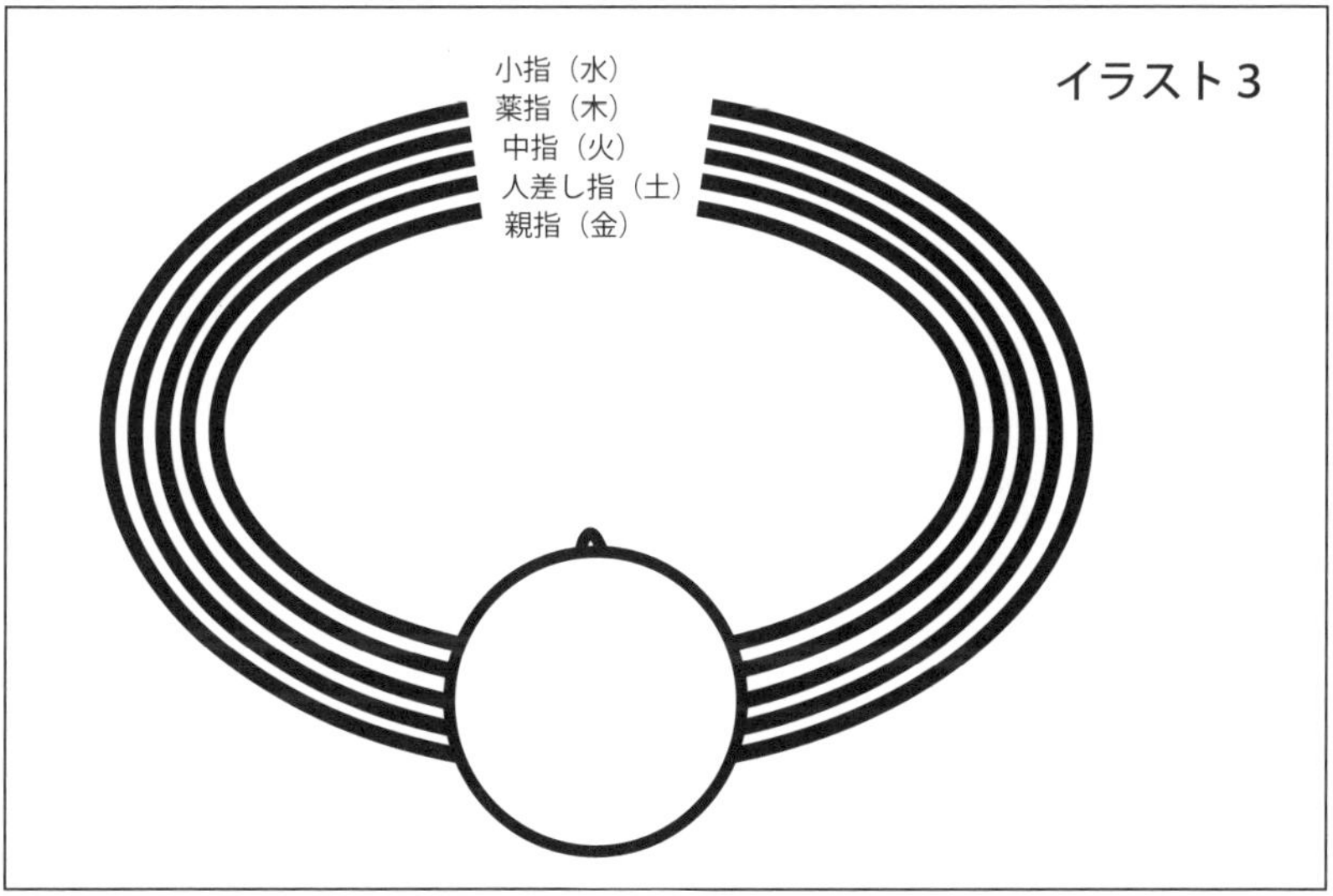

日陰で「陰」なのです。掌は日焼けすることがなく陰の面で、手の甲は日焼けする面で陽の面です。

前出イラスト１（１５３頁）のように両手を頭上に上げ、両掌を外側に向けます。外側のレーンになる小指側に注意を向け、小指、手首、肘、肩、背中が丸くつながり、上半身が見えない球に包まれているとイメージしてみましょう。このような手が「陽の腕」です。

次にイラスト２のように、両手を腹部に下げ球を抱えるようにします。このときは親指に注意を向けて、最も内側になるレーンを感じてみましょう。親指、手首、肘、肩、胸とつながり、両手に球を抱えているとイメージしましょう。このような手が「陰の腕」です。

OTM実践法「鶴のエクササイズ2」

1. 両足は肩幅に開いて立ちます。両腕を頭上に上げ、五指のうち、まず小指に注意を向け、しばらくその状態を保ちましょう（約3分）（写真1）。

2. それから、薬指、中指、人差し指、親指とそれぞれの指に注意を向けながら、鳥が羽ばたくように両手を下ろしていきます（写真2〜3）。

3. 両手が腹部に下りるとき、親指に注意を向け、両手に「球」を抱える形にします（写真4）。

鶴のエクササイズ2

4. 次に、人差し指に注意を向け、中指、薬指、小指を同様に指先を伸ばすようにして、鳥が羽ばたくように両腕を開き持ち上げていきます（写真5～7）。

5. 2～4を繰り返します。

ワンポイント・アドバイス

〈のけ反りと前傾〉

上体をのけ反らせたり前傾したりの動作は、第1章の「エア・ブランコ」で紹介しました。このエクササイズでも同様に取り入れています。

1．両腕を頭上に上げたときには、上体をやや前傾します。顔はややあごを出し、斜め上方に向けます（前頁写真7）。

2．それから両手が腹部に下りたときには、上体をややのけ反らせ、このときはあごを引き、抱えたボールを見るようにします（写真4）。

このような動作にどんな意味があるのでしょうか。両手を頭上に上げやや前傾した姿勢になるとき、目に見ることはできませんが、「気」のエネルギーが頭（上丹田）、背中に流れます。両手を腹部に下ろし球を抱えるようにするとき、「気」は体の前面、特に下腹（下丹田）に強く集まります。

鳥のエクササイズをいくら練習しても、もちろん空に浮かぶことはできません。しかし、普段意識することのない「気」のエネルギーが体の周りに集まり、体の中に流れ込むようになります。これは決して気のせいではありません。「気」の流れに気づいたのです。

武術的応用

1. Aは両手を頭上に上げます。
2. Bは、Aの両手首をつかみます（次頁写真1）。
3. Aは「鶴のエクササイズ2」で練習したように小指、薬指、中指、人差し指、親指に注意を向けながら、両手を下ろしていきます（写真2〜4）。
4. BはAの強い力に抗しきれず、つかんだ両手は下がっていきます。
5. Aはさらに、親指、人差し指、中指、薬指、小指と手首を回すと、Bは抗しきれず後ろに飛ばされます（写真5〜6）。

鶴のエクササイズ２の武術的応用

第11章

火と水の武術

八極拳と陳式太極拳

「若い頃から練り上げた八極拳、しかし今さら、私が人に教えるつもりはありません。できればあなたに引き継いでもらいたいのです」

頭髪に白髪が目立つが、しかし体つきはまるで若者のようなT老師から、不思議な縁で私は八極拳を学ぶことになったのです。しかし、老師はまた、こうも言いました。

「あなたが今学んでいる『陳式太極拳』と、私の教える『八極拳』は、まるで『火と水』のように相いれません。だから将来、二つのうちどちらかが消えることになるでしょう。もちろん、あなたが太極拳を選んでも、私はそれでいいと思っています」

……私が兪棟梁老師から「陳式83新架式」を学び始めて約1年たった頃（１９８９年）の話です。

少年は壁を破った

当時、西荻窪に住んでいた私は、太極拳の指導のために千葉の小見川に、週に1回通うことになりました。私の友人で、小見川にある電気店の社長Kさんから「太極拳を教えてほしい」と依頼されたのです。そして、数名の生徒を集めていただき、公民館の一室で少人数の太極拳教室を始めました。

ある日その教室に、T老師と、小学生の息子B君が参加しました。B君は一見、中学生かと見まがうような、背の高いやや肥満気味な体形をしていました。

「この子には、私が八極拳を教えていますが、先生、太極拳を教えてやってください」とT老師は言いました。

その日は簡化24式太極拳の套路の練習が終わった後に、「推手（註❶）」を練習することにしました。初めて参加したそのB君も一緒に練習しました。

私はB君に基本的なやり方を教えたのですが、B君は、最初から強く私を押してきました。当然私は、その力をやさしく受け流して返してやりました。ムキになって何度も同じような攻撃を仕掛けるB君の力をかわすうちに、私を負かすことができないとわかった彼は、急に怒り出し、私たちが練習していた集会室の壁に、突然体当たりしてしまったのです。

八極拳の技（貼山靠）を使ったのですが、彼の体当たりした壁には、大きな穴が開きました。「八極拳」の発勁の剛猛さは、故松田隆智老師の著作や漫画『拳児』などで有名になりましたが、このとき、まさに漫画の一コマのような光景が展開したのです。

教室が終わってKさんと私が会館の管理人さんに謝り、壁の修理費は後でKさんに支払っていた

漫画『拳児』より、鉄山靠（貼山靠）で相手を倒す場面。

だきました。

「本当にうちの息子が、大変なことをしでかし、ご迷惑をおかけして……」とお父さんは、平謝り。しかし子供に向かっては「そうかお前にはまだ『化勁（註❷）』を教えていなかったよな」と叱ることなく、むしろ慰めていたのが印象的でした。そして私に「先生、お詫びといっては何ですが、私に八極拳を教えさせてください」と言われたのです。……結局、B君が教室に参加したのはその日だけでした。

註❶：二人向かい合って手を合わせて練習する方法。
註❷：敵の攻撃力を吸収し、勁の技を無効にし、反撃につなげるテクニック。

T老師より八極拳を学ぶ

こうして私はT老師から2年間、八極拳（金剛八式・八極小架）を学ぶことになりました。翌週から、私の教える太極拳教室が終わって生徒が帰った後、フラッと現れる老師から約1時間、八極拳の套路を学びました。

老師は若い頃には自分の持つ技を試すために、夜の盛り場に行って、酔っ払いにケンカを吹っ掛け、散々殴り合いをした挙句、警察沙汰になる前に脱兎のごとく走り去ったりしたことがあったそうです。往来でダンプカーが走ってくる前を直前に走り抜けた、といった体験も私に話してくれました。

確かに、老師はいつも感情を表すことが少ないのですが、笑顔で静かに話すうちに、時として人を寄せ付けない「危うい」雰囲気を醸し出しました。

八極とは

太極拳の「太極」とは、「陰と陽の調和」という意味です。では八極拳の「八極」とはどういう意味を持っているのでしょうか。八極の「八」は八方向を意味します。

日本には古くから「八紘一宇（八紘為宇）」という概念があります。これは八本の「紘《つな》」が一つの宇宙を構成しているという意味です。八極とはこの「八紘」の威力が伸び広がっていくことを指しています（161頁章扉の図）。

私たちの身体も宇宙です。「大宇宙」に対して「小宇宙」といわれます。八極拳の技は、身体の力（勁）が四方八方に伸び広がって敵を制するのだと理解できるでしょう。

剛勁を生み出す「闖歩」と「把子拳」

T老師から最初に学んだ八極拳の基本は、「虚歩（註❸）」の状態から、半歩飛び出し、上体を90度転換して「馬歩（註❹）」になる動作「闖歩《ちんぽ》（註❺／次頁図A・B）」という歩法でした。あまり

把子拳

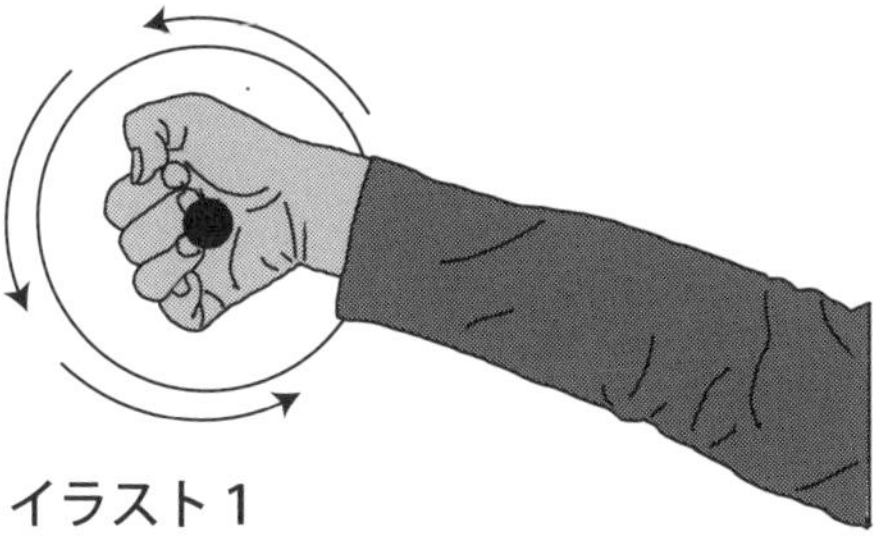

イラスト１

イラスト１から矢印の方向に動かしてイラスト２に、

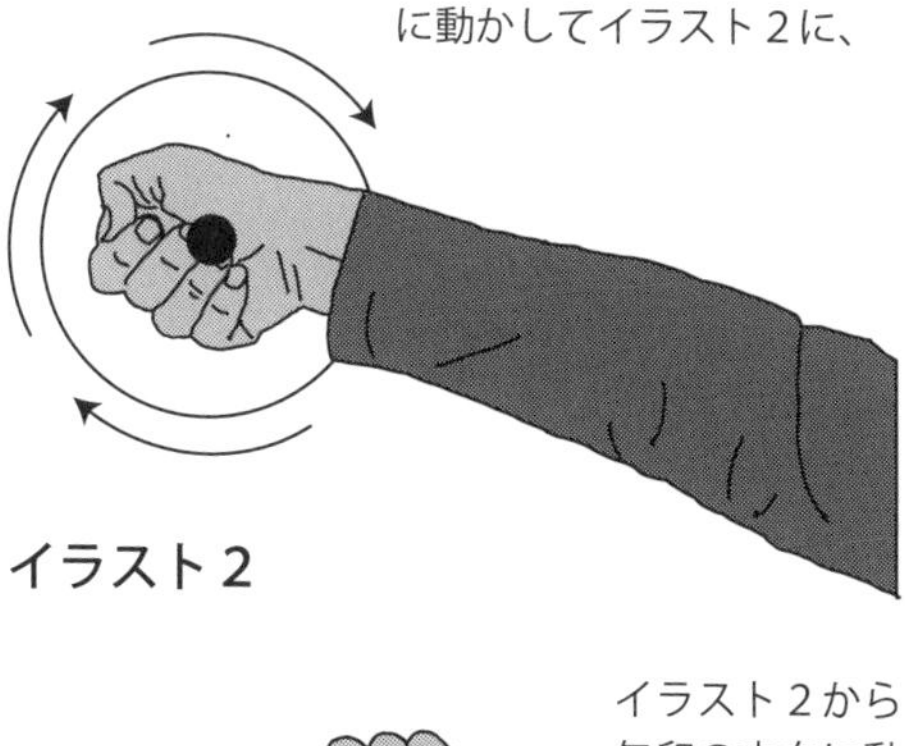

イラスト２

イラスト２から矢印の方向に動かしてイラスト３にします。

イラスト３

闖歩の足の運び

図Ａ

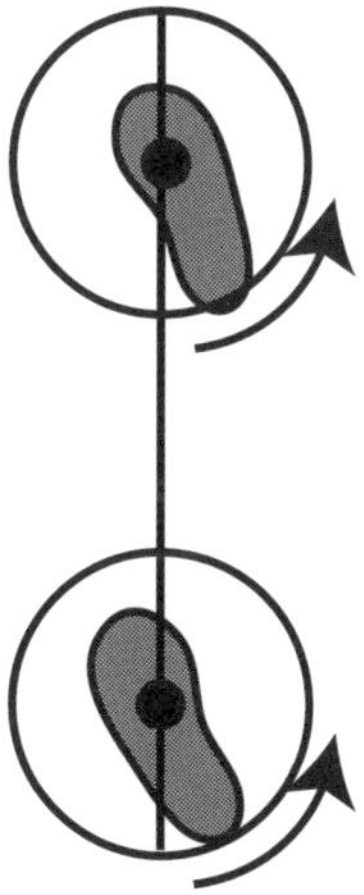

図Ｂ

大きな声で言えないような名称ですが、この効果は絶大でした。

またその歩法と同時に繰り出される「把子拳（註❻／イラスト1・2・3）」という熊手のような手法です。この二つの技術が組み合わされると、八極拳の「爆発勁」が生み出されます。

それに対して、私が兪老師から学んだ陳式太極拳は、それぞれの架式がとても複雑で、手法にしても「瓦龍掌」という、まるでインドネシアの「ケチャダンス」に用いられるような手法が教えられていて、その武術的意味を理解できるようになるまでに、かなり苦労しました。

しかし、何年かするうちに「火と水」のようだと言われた二つの技術は、表面的な相違を取り去ると、不思議なほど共通性があることがわかってきました。套路に隠れた「もつれた糸」をほぐしていくと、「剛」と「柔」の違いはあっても「力の道」は同じだと理解することができました。

結局私は、八極拳の鍛錬を続けていくことはありませんでした。兪老師から学んだ陳式太極拳が私の頭を占領してしまったのです。ただしかし、数十年たって気づいたことですが、私の「武術」の理解の中には、T老師から学んだ「八極拳」の技が確実に浸透していました。

註❸：着地しているが体重をかけない足のことをいう。左足で立ち右足に体重をかけなければ「右虚歩」と呼ばれる。
註❹：馬にまたがったような歩形。両足に体重をかける。
註❺：簡単に表現すれば「虚歩」から上体を90度回転し、「馬歩」の姿勢になること。
註❻：拳を作るとき、第三関節をしっかり曲げることなく、小指の側、または親指の側にいくほど握りを緩くする特殊な握り方。

OTM実践法「猿のエクササイズ2」

剛の武術「八極拳」で素早く力強く行う動作「頂肘《ちょうちゅう》」を、柔の武術「太極拳」のようにゆっくり練習していきましょう。すると「力の道」が見えてきます。それが「猿のエクササイズ2」です。

全体的な動作を学ぶ前に、まず、「闖歩」を学んでいきましょう。

闖歩

〈闖歩〉

1. 地面に一本の線を引きます。まず、左足を30度の角度で線の上に乗せ、右足も線に乗せ、つま先で着地し「右虚歩」になります。上体は線の方向(南)に向けます（写真1）。

2. 右足のつま先でタバコの火をもみ消すように、線と直角になるように回し、同時に上体を沈めながら上体が東に向くように回します。

3．次に左足も同様に回し、姿勢を沈めて「馬歩」になります（写真2）。

4．この動作を繰り返し練習し、終わったら、左右を入れ替えて練習しましょう。

ワンポイント・アドバイス

この練習を公園などの土の上で行うと、地面が削れ、丸い跡がつきます。そのようにしっかり、ゆっくり練習しましょう。

〈猿のエクササイズ2〉

1．まず右虚歩で身構えたとき、両手の把子拳は親指と人差し指をしっかり握り、小指側が伸びているようにします（次頁写真1／167頁イラスト1）。

2．次に、両手を突き上げるようにして把子拳をイラスト2の形に変えます（写真2）。

3．右足の母指球のあたりを中心に右足を回転させ、上体も回し進行方向に対して90度の角度に

猿のエクササイズ2

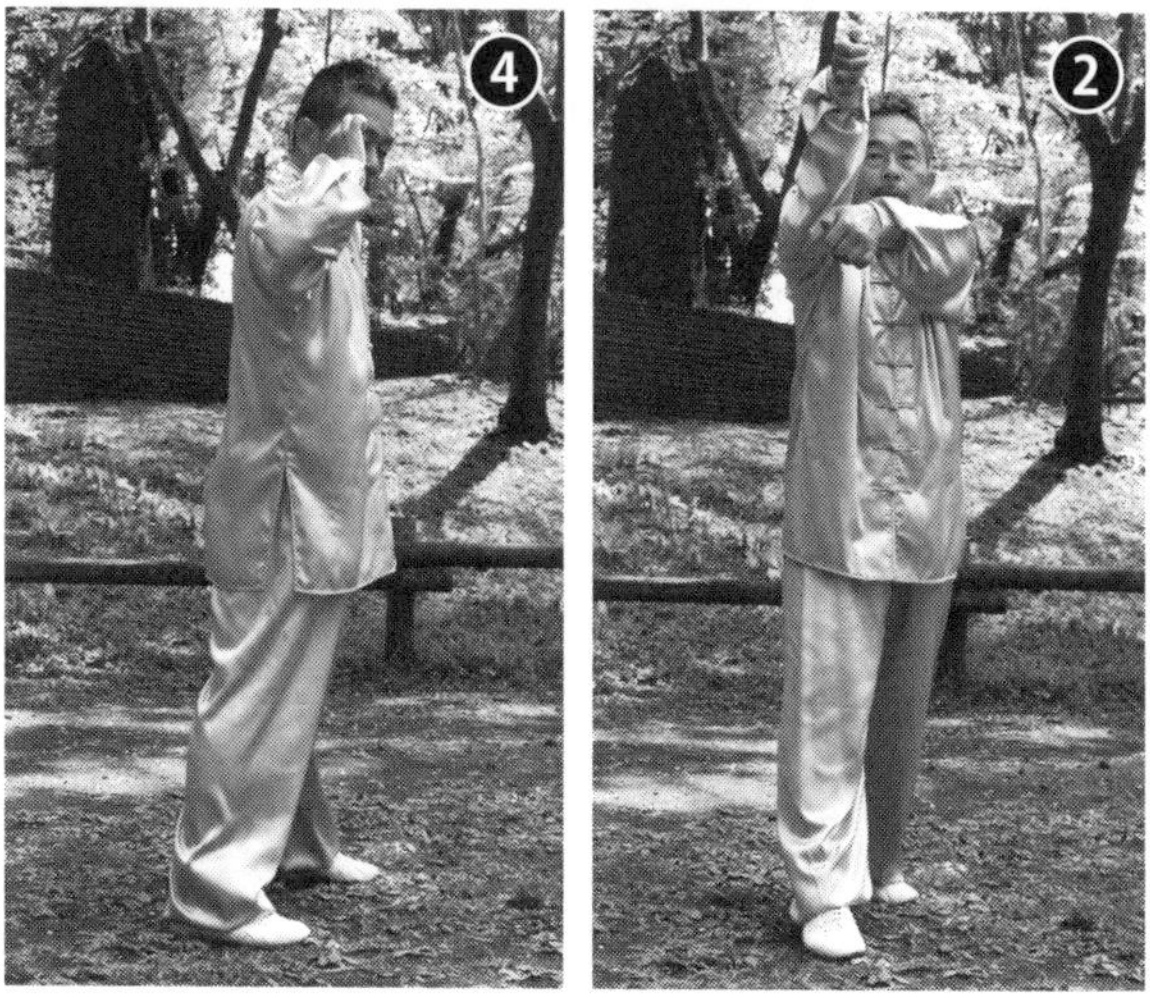

このエクササイズは、発勁練習です。
写真1～2で1回伸び上がり、両腕を跳ね上げ、2～3でくるっと90度回転し、体を沈めます。
さらに、左手を跳ね上げると同時に上体を伸び上がらせ、そして最後に腰を沈めます。
このプロセスで、勁力を右肘に強く集めることができるのです。

勁の流れ

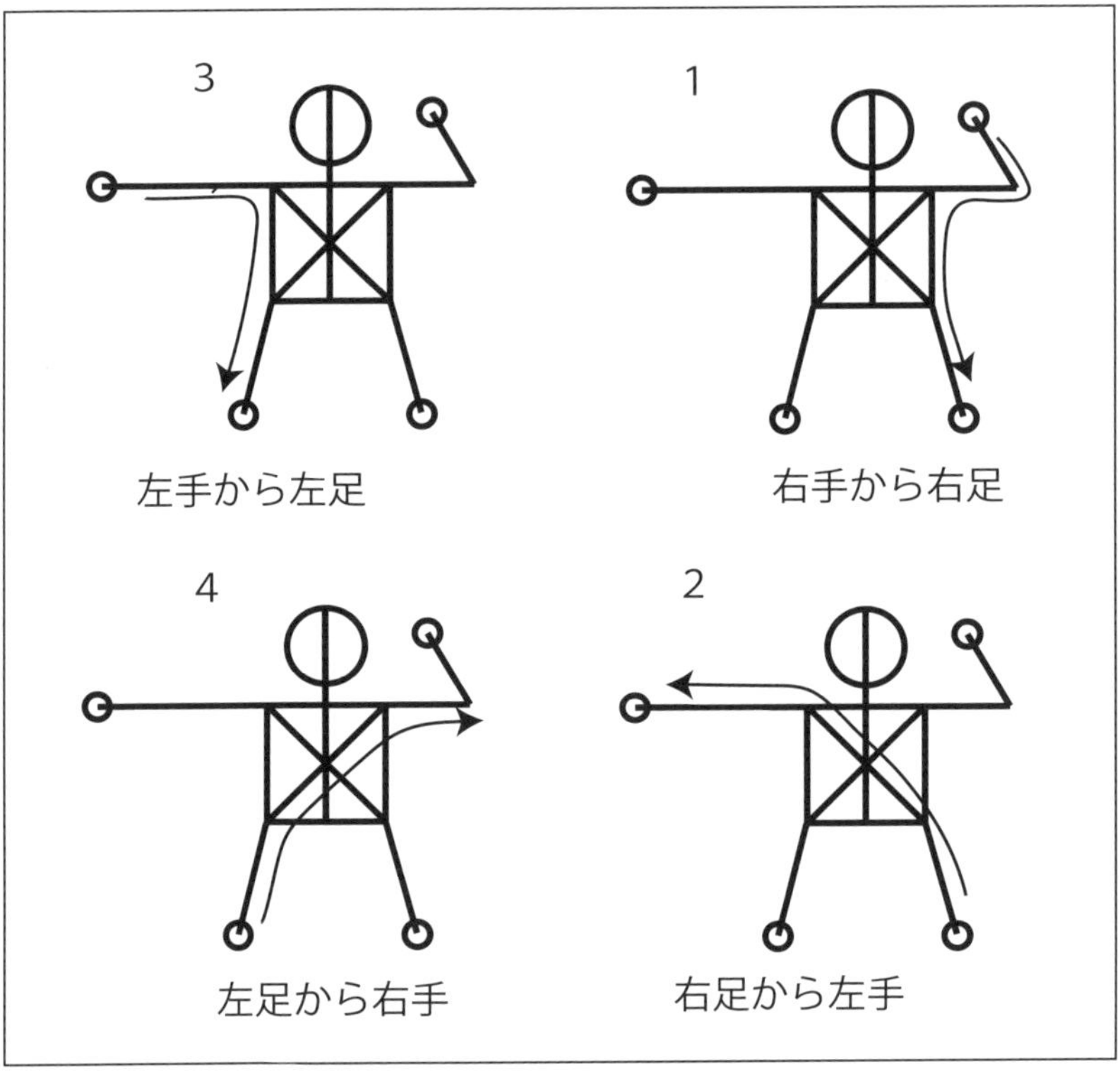

なるようにし（写真3～4／167頁図Aから図Bに変え）、上体を沈めます（写真5）。このとき、力（勁力）は「右手から右足の裏」に落ちます（上掲「勁の流れ」を示す図1）。

4. 上体を沈めた後、左足の踵を回して、全体としてしっかりとした「馬歩」の歩形になります。頭をしっかり立てて、動作が完了します。「勁の流れ」を示す図2・3・4を参考に練習してみてください。動作に慣れたら左右を入れ替えて練習してみましょう。

猿のエクササイズ２の頂肘

171頁の写真②がイラスト４に、写真⑤がイラスト５に対応します。

武術的応用

1. Bは A に向かって左拳を突き出す（次頁写真２）。
2. AはBの左拳を右手の把子拳で跳ね上げて受け（写真３）、
3. 闖歩で上体を回し、右肘でBの左脇腹に発勁する（写真４～５）。
4. Bは強い衝撃を受け、後ろに跳ね飛ばされる（写真６）。

猿のエクササイズ２の武術的応用

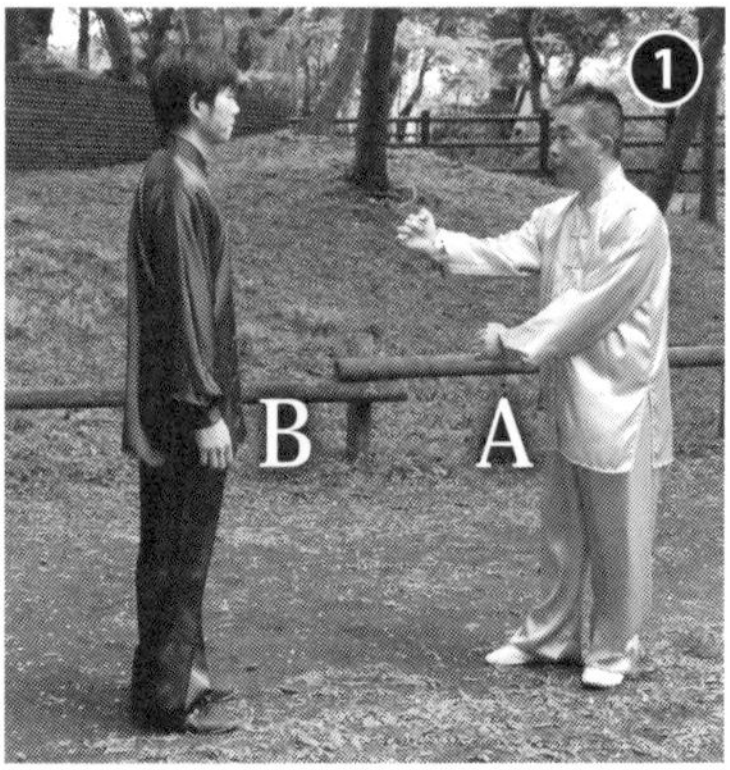

第12章

武術はメビウス運動

「8」でアドリブ動作

本書の総まとめとして、太極拳動作の表面の形を取り去った「アドリブ動作」について解説したいと思います。

それは「8」です。左回りの「平円」と右回りの「立円」が合わさった「8」が動作の究極のパターンだということは、これまでにも何度か発表してきました。ここではさらに深く「核心」に迫っていきましょう。

ペンタトニックスケールと五行

ミュージシャンは、自身の内側から湧き起こるメロディで、アドリブ演奏することができます。楽譜に指示された一定のメロディを演奏するのではなく、ペンタトニックスケール（七つの音階から四度と七度の音を除いた五音階）を用いて演奏します。

それと同様に太極拳（武術）も、ただ決められた套路に従わなくて、自由自在に動けるのだということを知る人は少ないでしょう。

その動作を体得すると、超スローで動くことも、信じられないほど素早く動くこともできます。敵の素早い動作の変化に、一般に練習しているような始点と終点のわからない、切れ目のない套路の動作を用いて対応するのはどう考えても不可能です。

この自在に対応できる動作は複数存在しません。私はそのようなアドリブ運動を、シンプルに「8」と表現しています。

「8」は、「ジー（木）・リー（火）・アン（土）・ファンソン（金）・ポン（水）」という五種類（五行）の動作に分析することもできます。

このシンプルな運動を繰り返し行っていると、不思議なほど意識が研ぎ澄まされ、周囲に存在する「気」のエネルギーを知覚でき、体内に取り入れることができるようになります。つまり、「気功法（註❶）」になるのです。

註❶：「気」は周囲の空間に遍在する生命エネルギーである。「功」という文字には、①トレーニング、②技術、③能力という意味がある。つまり「気」のトレーニングであり、「気」を操る技術であり、それを修練することで「気」の能力を得ることができる。「気」を体内に取り入れ、コントロールするために、三つの方法がある。それは、①調身（身体動作）、②調息（呼吸法）、③調心（意念による方法）。これが気功法のすべてとなる。

メビウスの輪

メビウスの輪

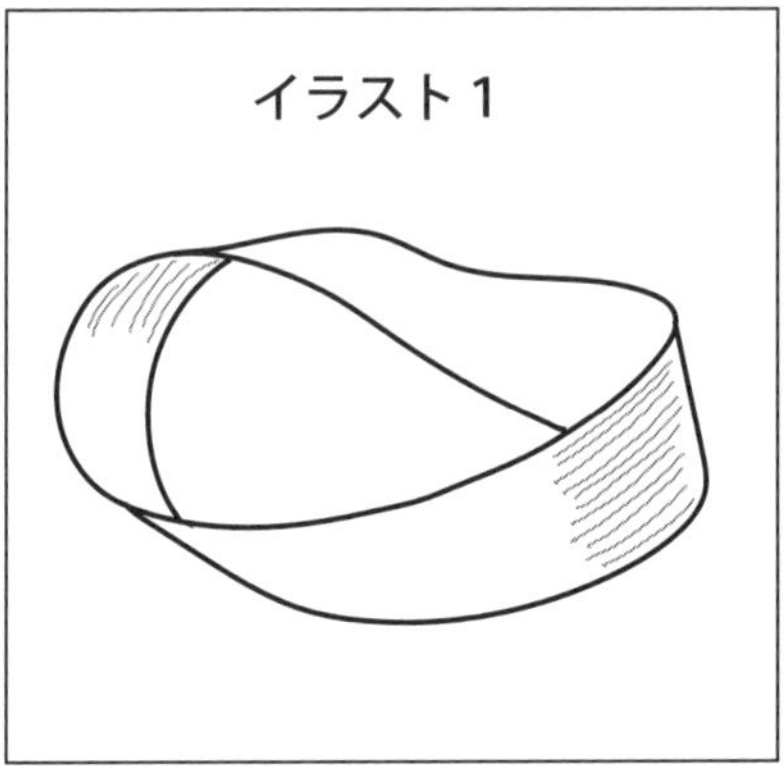

「8」の図

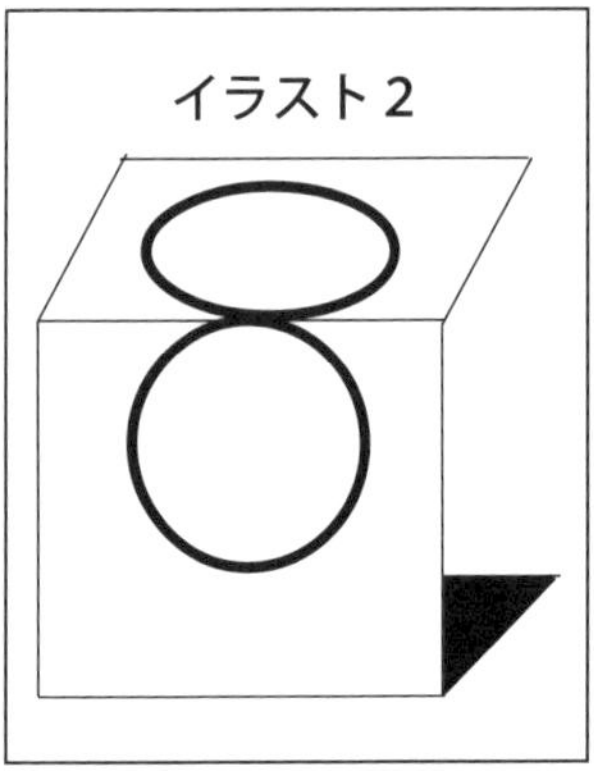

表と裏がくっついた不思議な形、「メビウスの輪（イラスト1）」をご存知ですか？　その作り方は簡単です。紙テープを一ひねりして両端をくっつけるとでき上がります。でき上がったこの「メビウスの輪」のテープを机の上に置いてみると「∞（無限）」記号の形になります。

この何の変哲もない、一ひねりして輪にしたテープの上にペンで線を引っ張っていくと、このテープの裏と表が途切れることなく一本の線でつながります。また、そのテープを描いた線に沿ってハサミで切っていきます。すると、あれ？　輪は二つにならないで、二ひねりされた大きな輪になりました。

このように、メビウスの輪は不思議な性質を持っているのですが、このメビウスに似た運動は、私たちの体を用いて行うことができるのです。

それは両手・両足・胴体（五体）を、別々なものと見ないで、8の字状につなげる「イメージ操作（意念）」によって作り出すことができます（イラスト2）。自身の体は「両手で作る円」と「両足で作る円」でできていて、8の字状になっていると心の目で「見る」のです。

「8」に目覚めたのは

私が最初に「8」に目覚めたのは、太極拳によってではありませんでした。太極拳を学び始める数年前のこと。当時、私は絵描き志望で、描き溜めた絵をある書道の先生に観てもらっていましたが、ある日、その書道の先生から「筆法」を学んだのです。先生は言いました。

「きみが絵を描くためにも、役に立つと思うから、筆の使い方の秘技を教えてあげよう。『永字八法（「永」という漢字を書くために八種類の筆法があると教えられる／次頁図1）』などというが、筆法は一つしかないとも言える。〝一〟を書くだけだよ。〝一〟を書かせればその人の力量がすべてわかる。下手な人が筆を使っていると、筆の先がバラケてしまって、正しく〝一〟が書けない。それを『カナ釘流』という。そんな人が使う筆はすぐダメになる」

永字八法

図1

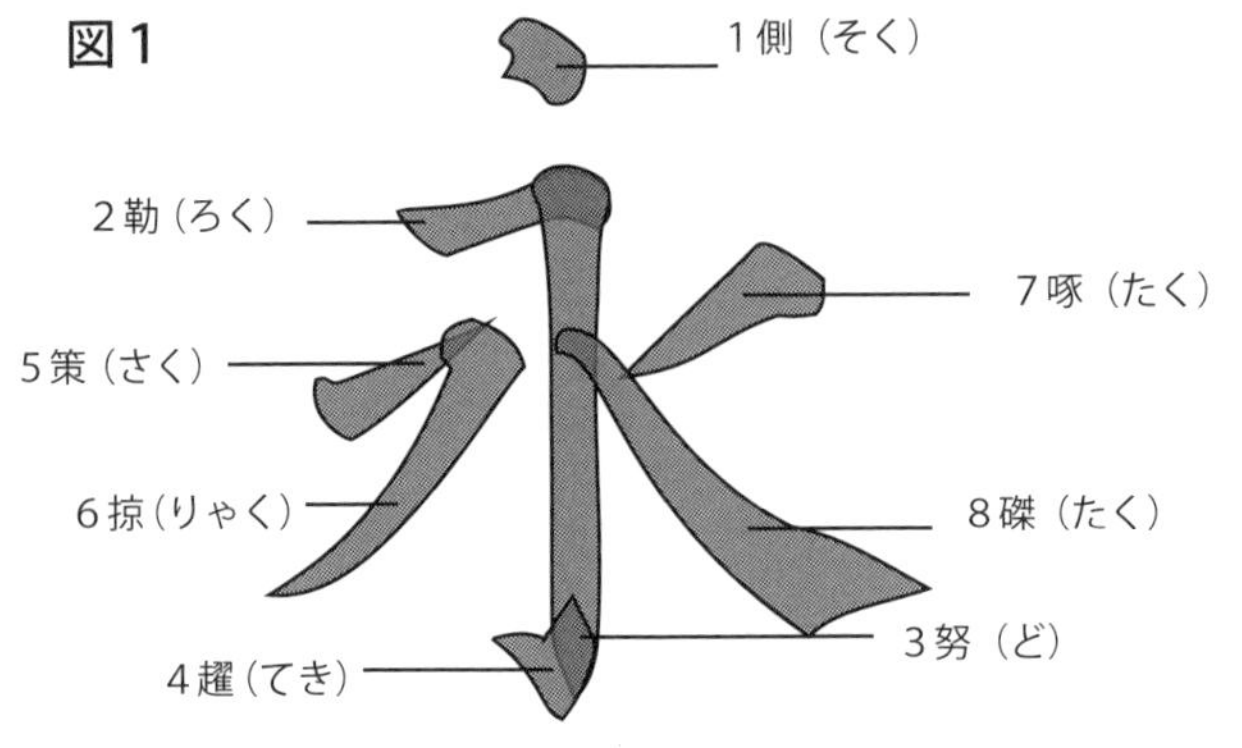

「うまい人が筆を使うと、どれだけ書いても筆の先がバラケない。その秘訣は、〝一〟を書く前に、紙の上に筆の先を下ろして、表現されない左回りの円を書くのだ。すると筆先がらせん状に纏まる。その後に線を引く。この線は実は『線』ではなく『右回りの円』なのだ。こうして引き終わったら筆を紙の上から引き上げる。それが全て。どんな複雑な文字も、その連続なのだ。このように筆を使えば、筆の先がバラけることはなく、何年使っても筆がダメになることはない」と。

このことが後々、太極拳（武術）にとって「秘技」といえることだったなんて、当時は知る由もありませんでした。

〈参考コラム〉

筆法の「永字八法」と同様に、太極拳では「八法五歩」が教えられます。八法は、掤《ポン》・攦《リー》・擠《ジー》・按《アン》・採《サイ》・挒《リエ》・肘《チュウ》・靠《カオ》という八種類の手法。五歩は、前進・後退・左顧・右盼・中定という五種類の歩法です。

両手の中を「左回りの平円」で

さあ、それでは8の運動を、左回りと右回りに分解して練習していきましょう。まず、両手の中で左回りの平円を作る練習です。

左回りの平円

1. 両足は肩幅に開いて両膝を曲げ中腰で立って、両手は球を抱えるようにします（上掲写真1）。

2. それから両手で作った円が「つながったチューブ」で、そのチューブの中に水が少量入っているとイメージしましょう。

3. 前傾して水が両手の指先の間にあるようにします。

4. 次に上体を左に傾け、水が左腕に流れるようにし

てみましょう（写真2）。

5．さらに、左肩背中、右肩と回って、右手に流れます（写真3）。こうしてチューブの中を水が左回りに回るようにします。

6．1～5を何度も繰り返してみましょう。

ワンポイント・アドバイス

目をつむって、外形を忘れて、チューブの中で水が流れているイメージで微妙に上体を動かしてみましょう。

両足の中を「右回りの立円」で

さて今度は、両足がやはりつながったパイプであるとイメージしてみましょう。

右回りの立円

1. 両手は腹部に当て（左掲写真1）、上体を右に回して、両手を使って水が右足に流れ込むように上体はやや前傾させます（写真2）。

2. 右足を下った水は地面を通って左足の裏から上ってきます。そのイメージと合わせて、両手は右回りの立円を描くように左膝のあたりから股関節に両手を動かしていきます（写真3）。

3. 両手は下腹を横切って右鼠径部のあたりに動かし、以上を繰り返します。

4. 1〜3を繰り返し練習してみましょう。

OTM実践法「メビウス・エクササイズ」

さあ、では本番です。

1. まず、「站椿功」の姿勢でしばらく立ちます（次頁写真1）。

2. 上体をやや左に回しながら右手を左手に近づけます（写真2）。これが「ジー」です。

3. 次に右手は弧を描いて下に沈め、左手はそのバランスをとるようにして左上に持ち上げます（写真3）。これが「リー」です。

4. 体重を100％右足にかけ、右手を右足に沿わせて垂らします（写真4）。これが「アン」です。この動作で左手から右足に「気」が流れます。

5. 体重を左足に100％かけ、両手が胸の前でクロスします（写真5〜6）。このとき、左足の裏から気が上昇してきます。このプロセスを「ファンソン」と呼びましょう。

メビウス・エクササイズ

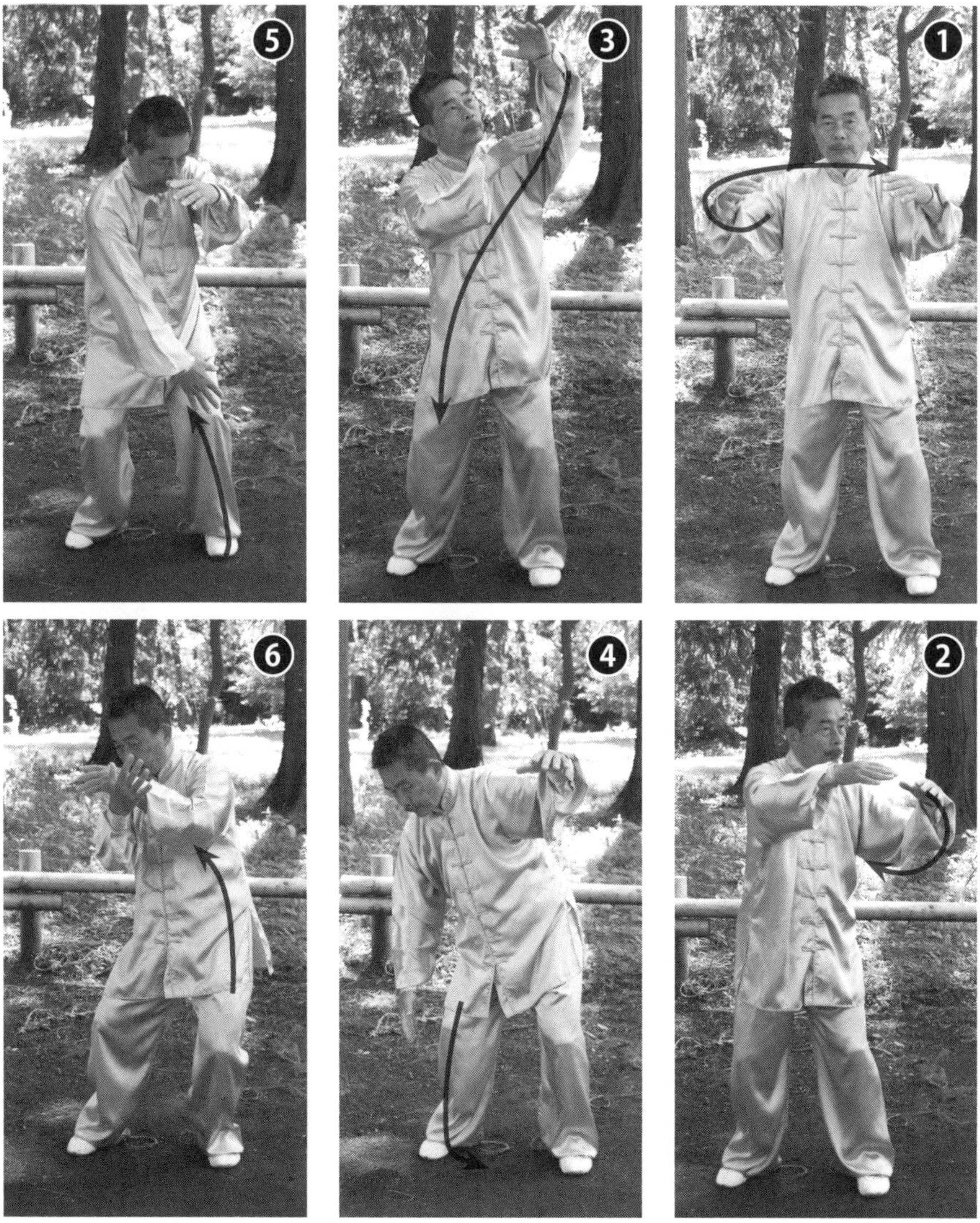

6. 最後に、体重を両足の間にかけて、最初の站椿功の姿勢に戻ります。気は腹部を通過して右手に流れます（写真1）。この部分が「ポン」です。

7. 以上を繰り返し練習しましょう。

メビウス・エクササイズのイメージ

両手で作った円は「つながったチューブ」のイメージで。
上げた左手から右足に水が流れるイメージで。

ワンポイント・アドバイス

この動作は左右を替えて行うことはありません。左右の手には性格があります。右手は「能動的」、左手は「受動的」、右手が主動です。左手はその右手の動作をサポートするように動きます。

「書」の世界にも「武術」の世界にも「サウスポー」は存在しません。古い時代から書道は右手に筆を持って文字を書きます。ではそのときに左手は何もしないのかというと、右手の動作をサポートするために文字を書く紙の側面を軽く支えます。

同様に、この動作のときも、右手の動作を支え、バランスをとるように左手が動きます。

武術的応用

1. Aは南を向いて立ちます。Bは右手でAの左手を強くつかみます（次頁写真1）。

2. Aは右手でBの顔面を攻撃しようとします（写真2）。この動作が「ジー」です。

3. Aは左手を左頭上に上げます（写真3）。この動作が「リー」。

4. それに続けて右手で下向きに弧を描き、体重を右足に移します（写真4）。この動作が「アン」。

5. さらに左足に体重を乗せ、左足から「気」を持ち上げます。その力でBの重心を崩し、南西の方向に揺らします（写真5～6）。この動作が「ファンソン」。

6. 最後に、力を腹部（丹田）から右手に流し、その力でBを南東方向に飛ばします（写真7）。このプロセスが「ポン」です。

「8」の秘技を明かしました。皆さん、この武術の妙技を理解し、体得してください！

メビウス・エクササイズの武術的応用

特別編

「鶴と蛇」と太極拳経

鶴と蛇の伝説

古くから伝えられてきた「鶴と蛇の格闘」の伝説をご存知ですか？　あるとき、陰陽太極の理を極めた道教の仙人、張三豊（三丰）が庭先で鶴と蛇が争っているのを見て「太極拳」を創始したというお話です（既著『誰にも聞けない太極拳の「なぜ？」』に詳説）。私はこの説を、太極拳を学び始めた頃にすでに知り、とても興味を持ちました。

しかし、張三豊は南宋の時代の人とも元・明代の人ともいわれ、つまり伝説的な要素の濃い人物で、存在したかどうかさえも定かではありません。この説はフィクションである可能性が高いと一般には言われています。

もっとも、道教の仙人というのは「タオ」の教えを体現した人物ということです。特定の誰かである必要はありません。仙人というのは大体、栄誉明達に興味を持たない「世捨て人」です。

張三豊が実際に存在していたかどうかではなく、「鶴と蛇の争う姿を見て太極拳を創始した」という表現に、私はピンとくるところがあったのです。これは、太極拳を練習する人が深く考えるべき大切な真実が隠されているのではないかと。

鶴とは五行

かいつまんで説明すると、「鶴（図1）」で表現されるのは、太極拳のすべての姿勢や動作ではないでしょうか。太極拳は「鶴の舞」とも呼ばれるように、大きく羽を羽ばたかせるような優雅な動作が特徴ですね。そして、その奥にあるものは「五行」であると説明したいと思います。

「五行の図（図2）」を見てください。大きな円が五等分され、小さな円が配置されています。そ

鶴と五行の図

図1

図2

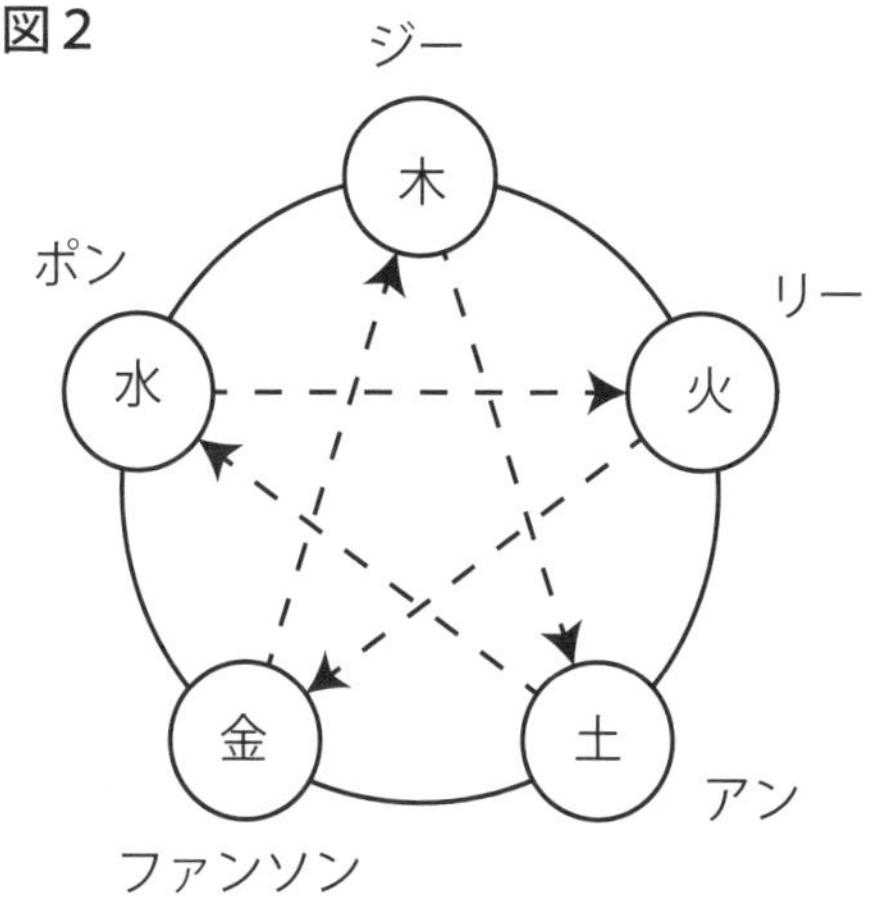

の五つの円に右回りにそれぞれ木・火・土・金・水と文字が振られています。太極拳を深く理解するためには、少々面倒でもこの図について、この五つの○《まる》が何を意味しているか学ばなくてはいけません。それが本書の内容を発表しようと私が考えた理由です。

太極拳のすべての動作はこの五つの要素で作られています。「道教の仙人」が太極拳を創始した、という表現はつまり、「陰陽五行」の教えに精通した人が太極拳を創始した、と言い換えてもいいでしょう。

ＯＴＭ実践法「五行の鶴」

それでは五行の理解に基づく五種類の動作を学んでいきましょう。

０．まずは、基本姿勢（站樁）で立つ状態からです（次頁写真１）。足は肩幅に開き両膝をやや曲げ、両手で球を抱えるようにして立ちます。提肛《ていこう》（肛門括約筋を引き上げ）して、頭頂の百会が空に固定され、首から下がぶら下がるようにします。この状態を「ポン（水）」と呼ぶことができます。

五行の理解に基づく五種類の動作

1．動作の最初は「ジー（木）」（写真2）。ジーは「押す」と理解しましょう。やや体を前傾させて両手を突き出します。木の根が水を吸い上げるように尾骨仙骨のあたりから背骨に沿って、「気」を持ち上げ、両手の先まで通すようにイメージします。

2．次に「リー（火）」（写真3）、「押しても駄目なら引いてみな」で、「引く」という意味。やや上体をのけ反らせ、両手が額（印堂穴）に近づきます。額から「天の気」を取り込むイメージです。

3．そして「アン（土）」（写真4）、両手を腹部に沈めていきながら、額から取り込まれた「気」が胸の中丹田を通り、腹部の下丹田に下りるようイメージします。

4．「ファンソン（金）」（写真5）、ファンソンは両手を開いて首をやや上に向け、お尻の引き締めを緩めリラックスします。すると「腹部の気」が足の裏まで下りていきます。

5．最後に「ポン（水）」（写真6→1）で最初の站椿功の姿勢に戻ります。足元から地面の気が臍下丹田に収まります。

6．以上を何度も繰り返します。

この順番で動作を繰り返します。このプロセスの中に「蛇」がいます。「蛇」とはこの動作の流れによって生じる、形に現れない「気（勁）」の流れではないでしょうか。

そうです、五行の動作に従って8の字状に動くエネルギーが蛇なのです(図3)。つまり、これが「鶴と蛇の格闘」ということなのです。

しかし、このような左右対称の動作は「気功法」ではあっても、「太極拳動作」と呼ぶことはできません。なぜでしょうか？ それは「陰陽虚実」の要素が不足しているからです。

動作の中にいる「蛇」

図3

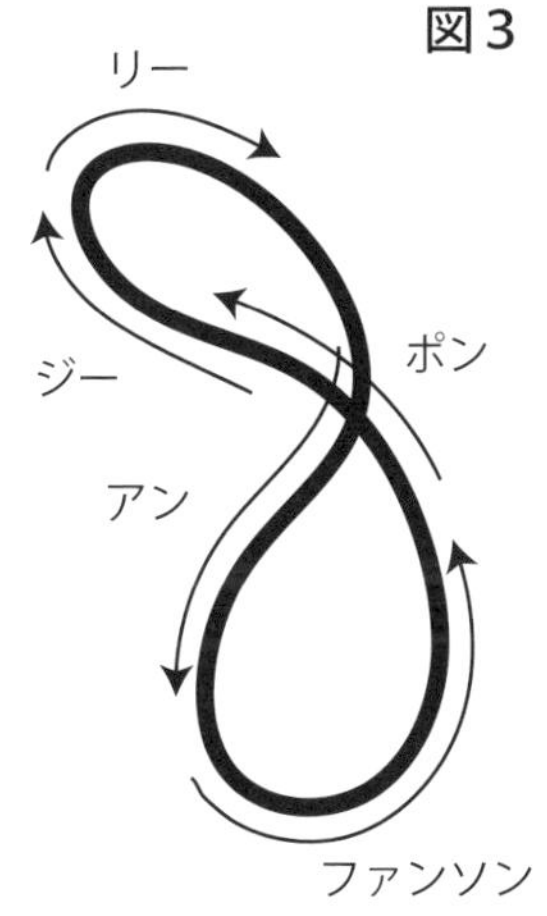

「陰陽虚実」の理解が必要

王宗岳（※註❶）の著した『太極拳経』という論文の中に「双重」の病についての教えがあります。

「立てば平準の如く。動けば車輪の如し。偏り沈めば動きは崩れ、双重であれば動きが滞る。何年稽古をしても、応用できなければ、ことごとく人にやられてしまう。これは「双重の病」を悟らないからである。もしこの病を避けようとするならば、すべからく陰陽を知らなければならない」とあります。

やや難解な文章です。しかし、ここに大切な真実が隠されています。

「双重」とは、動作を行うときに左右の体重移動がうまくいかず、両足に体重が乗ってしまう状態のことです。「推手」という二人で組んで行う攻防練習で、左右の足の重心移動が正しくできないと、相手に簡単に攻撃を崩されてしまいます。

※註❶：王宗岳（おうそうがく、生没年不詳）は、清・乾隆年間に活躍した武術家。著書に、中国武術の理論書として有名な『太極拳経』がある。

「平準の如し」とは？「車輪の如し」とは？

「平準の如し」とは何でしょう？　平準器とは大工さんの使う「水平を測る計器」です。つまり、この表現は「陰陽のバランス」をとるということではないでしょうか。太極拳のどの動作も、静止したときには「陰陽虚実のバランス」がしっかりと保たれています。この言葉は、平準器で水平を測るように、全動作で手足の虚実をしっかり保つことを示しているのでしょう（イラスト1）。

立てば平準の如し

動けば車輪の如し

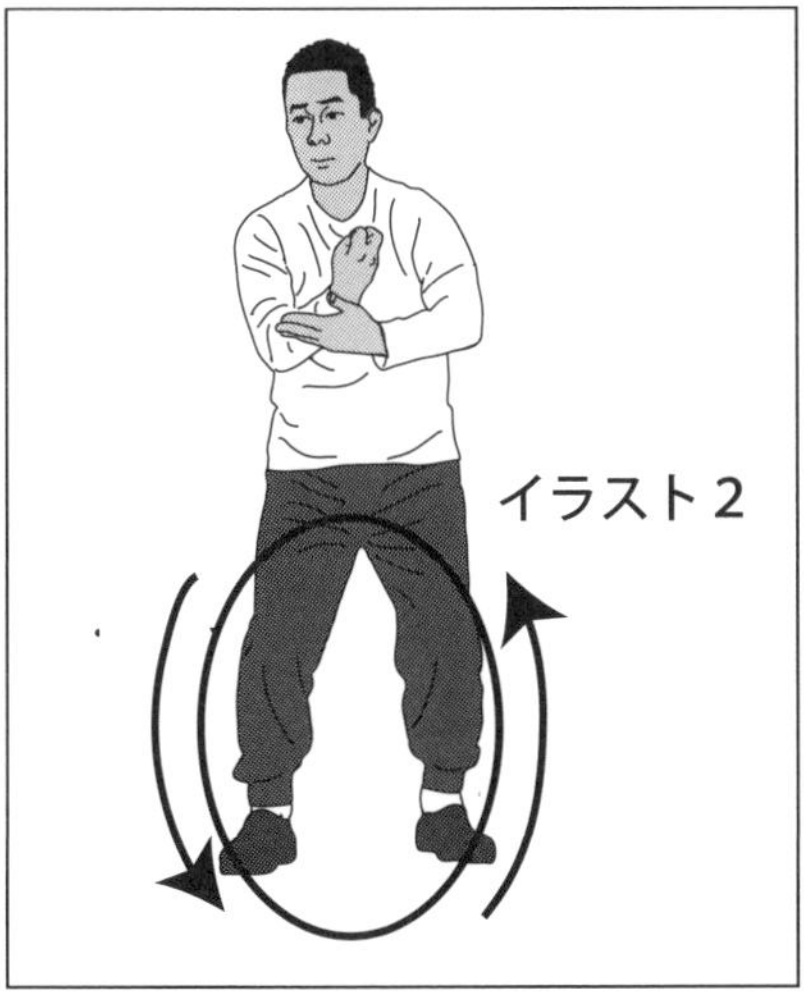

「車輪の如し」とはどんな意味でしょうか？　平準の如しが「静止の秘義」を説明しているのに対して、これは「動いているときの秘義」を示しています。動作は五行の木・火・土・金・水を順番に繰り返すという意味です。

さらにいえば、それは特殊な体重移動です。動作するときに二本の足でただ歩くのではないということです。体重移動は「車輪のように」左右の足を用いなくてはいけません（イラスト2）。

ＯＴＭ実践法「蛇のエクササイズ」

このエクササイズがその種明かしです。このエクササイズでは右手と左手のはたらきがはっきり分かれます。右手は「攻撃力」、左手は「静止力」、右手は男性、左手は女性です。右手が「何だこのヤロー！」と殴りかかろうとすると、「よしなさい！」と左手が右手を止めます。

いったん下に下がった右手は左手の制止を聞かず、体勢を変えてまた前方に突き出されます。

２０２頁写真１～２で両手が「開」になり、写真２～３では「合」になり、これが「攻撃」と「防御」です。写真４～６では両足を「車輪」のように用います。（図４）。

龍頭拳

イラスト３

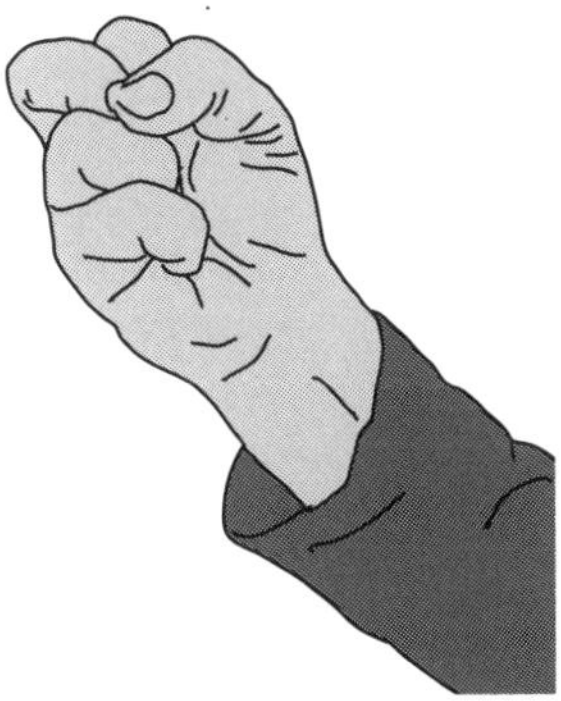

右手は攻撃力、左手は静止力

図４

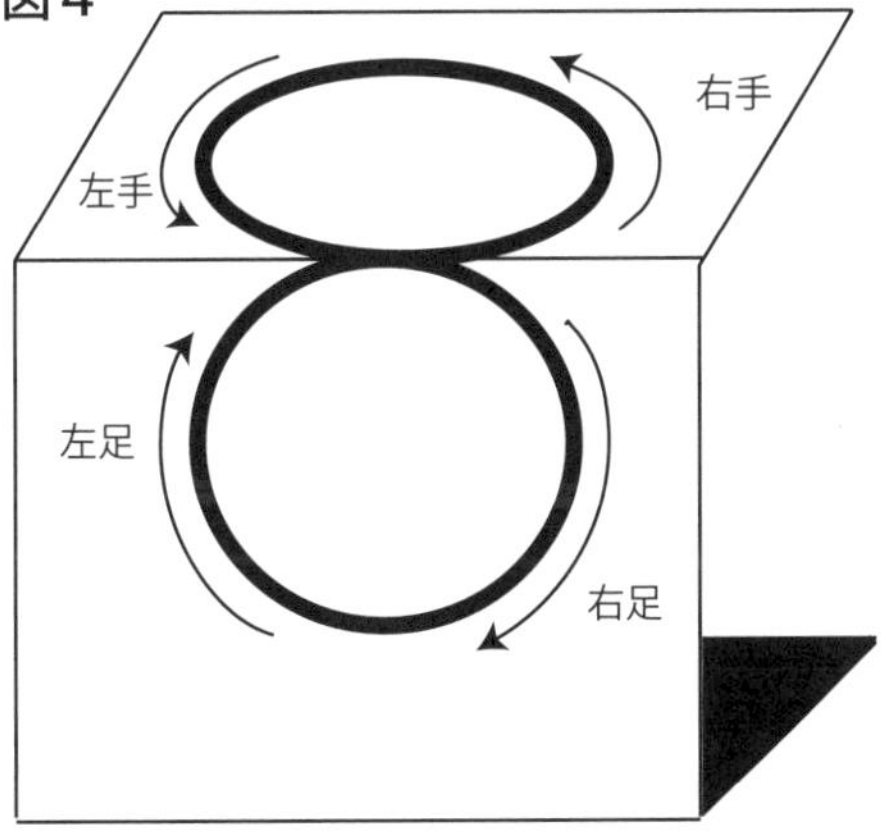

０．〈ポン〉足は肩幅に開き、南に向いて立ち、右手は拳（龍頭拳／イラスト３）にして、左手は掌（瓦龍掌）にします（次頁写真１）。

１．〈ジー〉右手は前方に水平の弧を描いて突き出し、腰が回り上体は南東に向きます。同時に左手は大きく開きます（写真２）。

２．〈リー〉次に上体が南西方向に回り、右手は弧を描いて喉の高さに引き寄せ、同時に左手が合わさります。このジーとリーは「開合」です。このとき、体重は左足に乗ります（写真３）。

３．〈アン〉右手はさらに右回りの立円で

蛇のエクササイズ

右腹部まで下がり、体重は右足に乗ります（写真4）。

4.〈ファンソン〉右足で蹴りだすように体重移動をして体を回します。右手は右回りの立円を描きます。この回転と同時に両手は開合して、体重は左足に乗ります（写真5〜6）。

5.〈ポン〉両手が胸の前で合わさります。この姿勢が一度目の終わりであり、二度目の動作の始まりになります（写真1）。

6.以上の動作を何度も繰り返します。

ワンポイント・アドバイス

この動作の右手は中指第二関節を突き出した龍頭拳です。全指をギュっと握った拳では、蛇の勁力を理解することは難しいでしょう。「龍の頭」は「蛇の頭」と言い換えてもいいかもしれません。

武術的応用

最後に「蛇のエクササイズ」の武術的応用を示して、この特別編を締めたいと思います。

1. Bは右手でAの右手をつかむ（次頁写真1）。

2. Aは、つかまれた右手を、弧を描いて突き出し、引き戻す。引き戻すのと同時に、左手がBの右手を押さえる（写真2〜3）。

3. さらにAは、左手の下で右手を右回りの立円を描いて回す。すると、Bにつかまれていた右手は自由になる（写真4）。

4. 自由になった右手で、Bの左胸のあたりを押す（写真5〜6）。

蛇のエクササイズの武術的応用

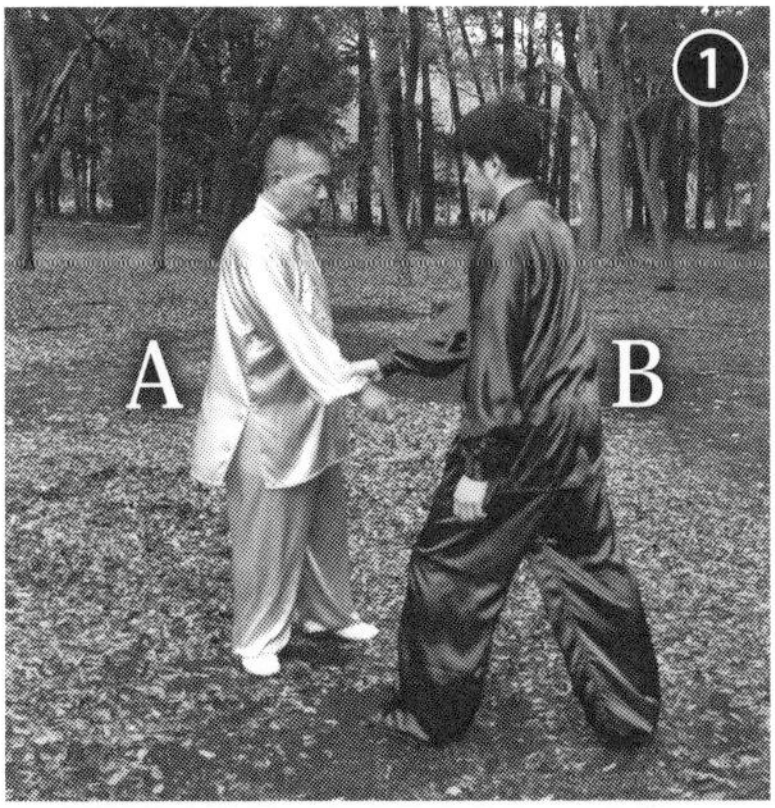

おわりに

本書は、『月刊秘伝』に連載した「図形と武術」の原稿を一冊にまとめたものです。私は太極拳などの伝統武術を学ぶ前、20代後半からカバラなど古伝の神聖図形に興味を持ち、独自の研究を続けてきました。

また、南インドの導師、ヨギラジ・ヴェタティリ・マハリシより伝授されたクンダリーニ瞑想を長年実践した結果、人の体と宇宙をつなぐ不可視のエネルギーについての理解を得ました。

師より学んだヨガの知識は、森羅万象は五つの要素（パンチャブーダ）で構成されているという教えでした。つまり五大「地・水・火・風・空」です。この哲学によって、私の持っていたバラバラな知識が秩序よく整理されました。

さらに陰陽五行の知識を学び、複雑に感じられた太極拳の動作がとてもシンプルなパターンによって構成されていることを理解しました。

ＯＴＭ（オーガニック・ツリー・メソッド）という名称で紹介したエクササイズは、このように私がこれまでに追求してきた図形の知識と、太極拳などの武術と、ヨガ瞑想と五禽戯のエクササイズの、長年の実践の中から生まれたものです。本書の内容をあなたの武術研修の参考にしていただければ幸いです。

◎真北斐図の太極拳教室

どの教室も、約10名ほどのメンバーが集まって、楽しく太極拳を練習しています。全教室、真北斐図がご指導いたします（青空教室は、雨の日は中止になります）。

■井の頭公園・青空教室

日時：毎週月・水・金・土 AM10:00 ～ 11:30（簡化24式太極拳）、
　　　AM11:30 ～ 12:00（陳式太極拳）
場所：東京都武蔵野市御殿山　井の頭公園
交通：JR中央本線・京王井の頭線　吉祥寺駅下車徒歩10分

■有栖川宮《ありすがわのみや》記念公園・青空教室

朝早めの時間帯につき、出勤前に参加可能な教室です。
日時：毎週火 AM7:30 ～ 8:30
場所：東京都港区南麻布　有栖川公園
交通：東京メトロ日比谷線　広尾駅下車徒歩5分

■立野町《たてのちょう》教室

日時：火曜（月3回）PM5:45 ～ 7:25
場所：東京都練馬区立野町　立野地区区民館（03-3928-6216）
交通：西武バス　関町南2丁目下車徒歩3分

著者◎真北 斐図　Ayato Makita

1951年、愛媛県生まれ。1979年に太極拳を学び始め、1988～1995年に上海の兪棟梁老師より陳式太極拳83新架式を学ぶ。2003年から毎年、「六本木ヒルズ朝の太極拳」で講師を務め、好評を博す。2007年、CSテレビ（248）「いきいきレッスン　簡化24式太極拳」に出演。著書に『ひとりでできる太極拳健康法』（2005年）、『ひとりでできる活静体操健康法』（2006年）、『健康第一 朝の太極拳DVDでレッスン』（2008年）、『誰にも聞けない太極拳の「なぜ？」』（2011年）、『HOW TO太極拳のすべて』（2015年）、『太極拳のヒミツ』（2017年）、『じつは最強！武術家のための24式太極拳』（2019年）など。現在、コズミックダンス研究所代表。

「真北斐図の太極拳HAO!」http://otm.xrea.jp/
「真北斐図のEASY Tai Chi」https://www.easy-taichi.com/

◎コズミックダンス研究所
TEL&FAX　042-466-4022
Mail　otm@magic.odn.ne.jp

イラスト ● 真北あやと
撮影協力 ● 箭内秀人
本文デザイン ● 澤川美代子
装丁デザイン ● やなかひでゆき

◎本書は、武道・武術専門誌『月刊秘伝』2019年8月号～2020年7月号に連載された「図形と武術」、
及び2021年2月号に掲載された特別編をもとに単行本化したものです。

武術の○《まる》△《さんかく》□《しかく》

太極図、五芒星《ごぼうせい》、メビウスの輪…
古伝の図形で解く！

2021年2月1日　初版第1刷発行

著　者　　真北斐図
発行者　　東口敏郎
発行所　　株式会社 BAB ジャパン
〒151-0073 東京都渋谷区笹塚 1-30-11　4・5F
TEL　03-3469-0135　　FAX　03-3469-0162
URL　http://www.bab.co.jp/
E-mail　shop@bab.co.jp
郵便振替 00140-7-116767
印刷・製本　中央精版印刷株式会社

ISBN978-4-8142-0365-9 C2075

DVD & BOOK Collection

DVD　これで全てが分かる **太極拳の秘訣**

気、丹田、勁力、呼吸…。曖昧な極意を体得するヒケツ！　ジー・リー・アン・ファンソン・ポン!?　本当の力を発揮するには、常識とは違う言葉使いも大切です。体の外にある動きの中心軸、エッセンスが凝縮された亀の呼吸、気の流れを作るための基本動作――。独自の分析と理論で太極拳修行者の疑問に答えてきた真北斐図先生がその上達の秘訣を遂に映像で公開!　太極拳の核心である気の養成と武術的運用の原理が誰にでも無理なく身に付けられるDVDです。

●真北斐図 指導・監修　●収録時間60分　●本体5,000円+税

DVD　かんたん気功体操
五禽戯健身法　体力の向上と健やかな体作り!

かんたん、気軽にできる!　五種類の動きと気功法による健康気功体操!　中国で親しまれる健康気功体操・五禽戯を、太極拳・気功法指導者・真北斐図老師が誰にでも分かりやすくできるように研究。五種類の動物の動き（鹿、猿、熊、虎、鳥）を気功法と共に行うことで体力の向上や健やかな体作りが期待できます。

●真北斐図 指導・監修　●収録時間88分　●本体5,000円+税

BOOK　中国伝統気功体操
誰でもできる! 五禽戯

気功の基礎と、太極拳の術理が溶け込む「五禽戯」を、独自の段階練習で身につける!　鹿、猿、熊、虎、鳥。5種類の動物の動きから学ぶ中国伝統のかんたん気功体操「五禽戯」を陰陽五行、経絡理論、生理学的に解説。五臓六腑を健康にし、身体の機能を高め、身体に秘められた野生の生命力を呼び覚ます!

●真北斐図 著　●B5判　●140頁　●本体1,800円+税

BOOK　じつは最強! **武術家のための 24 式太極拳**

24式太極拳は、初心者だけの套路（型）ではない。「陰陽の腕」「天の中心軸」「ワンパターンの動作」「8の字の動き」…　すべての秘義は24式にあり!　他の制定拳（48式、88式…）や伝統拳（楊式、陳式…）のような数多くの動作は要らない。24式太極拳（簡化太極拳）には、大切な身法の哲理がコンパクトにすべて網羅されていた。対人での武術的用法も例示!　コレだけで太極拳のすべてがわかり、身につく!

●真北斐図 著　●A5判　●180頁　●本体1,500円+税

BOOK　誰にも聞けない **太極拳の「なぜ?」**

今さら聞けない初心者の素朴な疑問から、達人たちが隠してきたヒミツの極意まで、太極拳にまつわる「なぜ」を解説します!　太極拳って武術なんですか？　それとも健康法？　どうして健康にいいの？　ゆっくりな動きで戦えるの？“　今さら聞けない素朴な疑問”から、“誰も教えてくれない秘密”まで。「なぜ」が分かるほど、上手くなる。強くなる。健康になる。

●真北斐図 著　●A5判　●203頁　●本体1,500円+税

BOOK **太極拳のヒミツ**　「8」の字の奥秘で、真意が分かる!身につく!

要するに、コレがわかれば良かった！　遂に最高機密が明かされる―。誰も教えてくれなかった、太極拳の究極のエッセンスを公開。流派ごとに違うかたちにとらわれず、その暗号を解き、本質を提示する。全ては、武術の根本となるシンプルな「気の実践法」（基本功）にあり！太極拳の最小単位は「8」だった。「8」の字の「気」の運動が、複雑な套路の根本であり、強健な心身へと導く！

●真北斐図 著　●四六判　●188頁　●本体1,400円+税

BOOK　「始めてすぐの人」と「上達したい人」のため
HOW TO 太極拳のすべて

太極拳はなぜ健康に良くて、なぜ不思議な力が湧いてくるのかわからない…。何年か練習しているけど、動作の意味や要点がわからず、しっくりこない…。まさに初～中級者の知りたかったことがわかる、待望の1冊。六本木ヒルズ恒例イベント、「朝の太極拳」人気講師が教える「上手くなる」「強くなる」「健康になる」読んで“実感”できる太極拳習得への近道です。

●真北斐図 著　●A5判　●216頁　●本体1,500円+税